Patricia Salas

LOGOGENIA

Historia y nuevas articulaciones desde las ciencias cognitivas

Editorial Brujas

Título: *LOGOGENIA*
   Historia y nuevas articulaciones desde las ciencias cognitivas
Autora: Patricia Salas

Diseño de tapa: Matías Alonso Crespo

Salas, Patricia
   Logogenia : historia y nuevas articulaciones desde las ciencias cognitivas / Patricia Salas. - 1a ed. - Córdoba : Brujas, 2021.
   144 p. ; 23 x 15 cm.

1. Discapacidad Auditiva. I. Título.
CDD 371.912

www.bibliotecadigital.editorialbrujas.com.ar

ENCUENTRO
Grupo Editor

Editorial Brujas

PlumaLibre

www.editorialbrujas.com.ar   publicaciones@editorialbrujas.com.ar
Tel/fax: (0351) 4606044 / 4691616– Pasaje España 1486 Córdoba–Argentina.

Una persona sorda sin competencia lingüística es como un extranjero en su propia lengua.
Quienes no la poseen están ciegos a la lengua como un ciego está a los colores, es decir saben que existen, pero no los pueden percibir.

Bruna Radelli

Índice

Presentación

Pasaron 17 años desde que emprendí la aventura más interesante de mi vida. Me enteré en internet de que existía la Logogenia, subí a un avión hacia México y durante cinco meses estuve en ese país, aprendiendo lo que modificaría mi existencia de manera asombrosa.

Sorda, sin experiencia en viajes y ávida de saber, transité lo que alguna vez llamé "crisis lingüistencial". Este conflicto se manifestó en mi vida personal y en el ámbito profesional. En lo personal el cimbronazo fue fuerte, poseo sordera neurosensorial desde los 5 años edad y con muy bajo porcentaje de discriminación auditiva. Usé audífonos desde los 10 años hasta los 45, que me puse un implante coclear. Con aquellos no podía comprender el lenguaje hablado (solo percibía los sonidos del entorno) y la lectura labial fue el canal prioritario de acceso a lo que la gente hablaba. Además de desarrollar una existencia egocéntrica, pues si no acomodaba el mundo a mi alrededor no podía enterarme de nada, vivía en "modo pragmático"; mi supervivencia dependía de interpretar las actitudes, gestos y situaciones que me rodeaban. Con los ojos y los sentidos alertas crecí pensando que la información sobre el mundo estaba en los demás y dependía de mí ir hacia ellos. Cuando llegué a México conviví con otras maneras de leer los labios, en una modalidad lingüística diferente a la que había estado expuesta toda mi vida.

Así como la experiencia con Logogenia cuestionó mi modo de supervivencia, mis certezas lingüísticas también se vieron en crisis. Trabajé como docente de Lengua Española en el ámbito universitario y como investigadora sobre la educación lingüística de las personas sordas desde el paradigma comunicativo y funcionalista de los estudios del lenguaje –que encajaba perfectamente con mi experiencia en la sordera- y no había tenido oportunidad de incursionar en los estudios formalistas y generativos en la Lingüística. Cuando descubrí la Logogenia, tuve la oportunidad de ingresar a este paradigma y reinterpretar el problema lingüístico y educativo de las personas sordas, desplazando a la comunicación como objetivo de toda intervención lingüística hacia la búsqueda de respuestas en el estudio de la naturaleza biológica y formal del lenguaje humano.

Definitivamente, la Logogenia cambió mis paradigmas teóricos acerca de la adquisición y el desarrollo del lenguaje en las personas sordas. A partir de entonces, todo lo que sabía sobre sordera y lenguaje entró en crisis y modificó mi percepción de esta problemática.

Desde el año 2004 colaboré incansablemente con niños, jóvenes y adultos sordos, ayudándoles a comprender la lengua escrita de manera autónoma para que sean libres de pensamiento y de criterio. Cada niño o joven con el que trabajé durante todos estos años era un ser único y una gran incógnita; era imposible saber cuánta gramática habían desarrollado por medio de las diferentes terapias recibidas. Podía acceder al inventario de su vocabulario, pero no a las combinaciones sintácticas ejecutadas por su mente usando un pequeño léxico disponible. La experiencia lingüística de cada niño sordo es diferente y un factor determinante en la configuración de las representaciones lingüísticas que éste desarrolla.

También he capacitado, junto con un talentoso equipo de logogenistas, a profesionales que trabajan tanto en el área de la educación como de la salud. Hasta la fecha, hemos dictado más de treinta diplomados en Argentina y en el exterior; llegando a cada ciudad donde nos solicitaban. En cada espacio de formación nos vieron trabajar con niños, jóvenes y adultos sordos, de manera espontánea y sin conocerlos previamente; se trabajó en situaciones reales y con cualquier niño sordo que quisiera participar en los diplomados, sin importar las patologías asociadas porque siempre hemos considerado que esa es la realidad que impera en nuestras aulas y consultorios.

No hay estereotipos de personas sordas, cada uno trae su historia clínica, cultural y lingüística.

Este libro es una introducción a la metodología creada por la Dra. Bruna Radelli, autora de la Logogenia, ha sido elaborado con el afán de que las personas hispanohablantes conozcan el surgimiento y su desarrollo hasta nuestros días. Radelli no ha publicado libros en idioma español y su único libro, escrito en italiano, no posee traducción a nuestra lengua. Solamente tenemos artículos publicados por ella en revistas científicas mexicanas e italianas.

Asimismo, es una introducción actualizada desde la experiencia de muchos años de trabajo con niños sordos y de capacitación en Diplomados, también desde el análisis de sus fundamentos y estrategias a la luz de las últimas investigaciones sobre el lenguaje y la mente.

La primera parte desarrolla la historia de Bruna, cómo llegó a la Logogenia y cuánto ha luchado en vida para su reconocimiento y aceptación. El análisis de todo el material escrito por ella nos permitirá tener una idea acabada de cómo concibió el método en los años noventa y cuáles fueron sus propuestas de implementación, capacitación e investigación.

En la segunda parte expondré la historia actual de la Logogenia, después de Bruna. Revisaré los fundamentos teóricos del método enriqueciéndolo con aportes de investigaciones actuales sobre Lingüística y Neuropsicología Cognitiva, legitimando y fortaleciendo las propuestas iniciales.

Introducción

Si buscamos el término "logogenia" en internet encontraremos muchas entradas a artículos, investigaciones, videos y *posteos* de personas de diferentes lugares del mundo. Aquello que nació en México hace más de veinticinco años, hoy se extendió por diferentes países americanos y europeos. Se hace Logogenia en idioma español, en italiano y también en catalán. Sin embargo, ha sido un trabajo arduo y no por eso menos gratificante difundirla, y sobre todo, luchar por la credibilidad de una propuesta que desmitificó algunas certezas sobre la situación que presentan las personas sordas frente a la lengua escrita.

Cuando se creó la metodología, en los años 90 aproximadamente, Noam Chomsky aún no había publicado su Programa Minimalista. Esta última propuesta del autor reafirmó el núcleo duro de su teoría, ya expuesta desde el año 1957, cuando publicó *Estructuras sintácticas*. La idea de que la sintaxis y el aparato recursivo del lenguaje humano es central e interactúa con los otros componentes autónomos del lenguaje adquiere mayor profundidad en este último modelo chomskiano y puede aportar interesantes fundamentos a la Logogenia. A partir del Programa Minimalista se han publicado libros y artículos vinculados con el origen y el desarrollo lingüístico que resultan interesantes a los propósitos de este libro.

Las últimas investigaciones neuropsicológicas también aportan pruebas sólidas para explicar la eficacia de este método. Si bien se han escrito artículos y tesis sobre Logogenia, aún no tenemos ningún estudio que demuestre que tal niño o niña; adolescente o adulto haya adquirido la competencia lingüística en una lengua, solamente con este método. Comprobar si una persona sorda modificó su mecanismo de procesamiento lingüístico no es una tarea que se pueda realizar con métodos tradicionales, sino que se necesita de la colaboración de los estudios y técnicas de las Neurociencias.

Además de realizar una inmersión en la lengua escrita, usamos la Logogenia para ayudar a personas reales y concretas a resolver un conflicto lingüístico suscitado a partir de la lectura de una oración. La comprensión de una orden emitida por medio de un enunciado se verifica con la correcta actuación por parte de la persona sorda. Cuando se hace evidente que no ha comprendido es cuando se ponen en acción las originales estrategias de la Logogenia. No corregimos ni explicamos, sino que utilizando nuevos enunciados generamos en la persona sorda configuraciones sintácticas diferentes a partir de la lectura de enunciados casi semejantes. Sin ser consciente de ello, la persona con deficiencia auditiva lee las órdenes provistas por el *logogenista* y elabora hipótesis posibles que lo llevan hacia la correcta resolución del conflicto planteado.

La experiencia de trabajo con el método nos condujo a nuevas interrogantes que, aunque no están vinculadas con los objetivos concretos de la Logogenia -el desarrollo sintáctico-, abren nuevas líneas de estudio y reflexión. El primer conflicto que se nos presenta cuando trabajamos con este método es la precariedad léxica que tienen estos niños. La situación que encontramos en varios países latinoamericanos es que muchos niños sordos que asisten a primero, segundo o tercer grado de la escolaridad primaria de escuelas especiales -y también aquellos que están incluidos en el sistema común-, no poseen lectura fonológica, sino que conocen algunas palabras como etiquetas, que asocian de manera global con un determinado significado. Estos niños, en muchos casos pseudo-alfabetizados, conocen las letras del alfabeto -algunos las asocian con el alfabeto dactilológico, otros con determinados sonidos percibidos por medio de tecnología auditiva- pero se encuentran imposibilitados de articular estas letras en palabras. Del conocimiento de la letra aislada pasan a la imagen visual de la palabra, sin percibir las combinaciones de fonemas que las generan. Para muchos de ellos, las palabras son leídas de maneja global y visual sin que no exista ningún tipo representación morfosintáctica[1], lo que luego les impide reconocer sufijos, prefijos y morfemas lexicales. No pueden establecer una relación entre, por ejemplo: la palabra destornillador y tornillo; mucho menos entre atornillar y dejar de hacerlo. De allí surge nuestra primera interrogante acerca de los resultados obtenidos con los métodos de alfabetización inicial que se utilizan en la actualidad con los niños sordos.

Los antiguos métodos oralistas -que no sacaban mucho beneficio de las prótesis auditivas- utilizaban la lectura labial para la construcción de la conciencia fonológica, con resultados muy satisfactorios. Las generaciones pasadas - anteriores a los implantes cocleares- utilizaban audífonos, pero esta tecnología no actuaba de la misma manera que los implantes cocleares. Amplificaban los sonidos y cuando el estímulo llegaba a la cóclea, la discriminación quedaba sujeta a las condiciones físicas de las células ciliadas, de modo que la percepción de aquellas frecuencias afectadas en la cóclea llegaba distorsionada al cerebro. En aquellas épocas las personas sordas complementaban con lectura labial lo que oían con los audífonos. En las escuelas de sordos y en los gabinetes de articulación del lenguaje recibían un fuerte entrenamiento de lectura labial, con gran esfuerzo y horas de trabajo muchos de

____

[1] Morfosintaxis quiere decir sintaxis de la palabra. En muchos profesionales este término se equipara con la sintaxis oracional.

estos niños activaban su competencia lingüística. Se podría decir que en los gabinetes de articulación del lenguaje se estimulaba la principal vía de acceso al idioma que se hablaba o leía en la comunidad de pertenencia del niño sordo. La relación entre audición, lectura labial y grafema, desde edades tempranas, operaba cognitivamente y de manera compensatoria utilizando la vía visual para la adquisición de la lengua.

Cuando los modelos bilingües para la educación del sordo comenzaron a contener, a través de las lenguas de señas, las necesidades comunicativas y cognitivas de estos niños[2], la balanza se inclinó casi en su totalidad hacia la enseñanza de estas lenguas en las aulas y a brindar, a través de ellas, conocimientos culturales y cotidianos a las personas sordas. Los resultados son positivos pues hoy tenemos una comunidad con orgullo de identidad, mejor salud emocional y más informada. Sin embargo, lo que se desniveló en aquella balanza fue el tiempo destinado a la adquisición del español y fueron varias las razones que llevaron a que, a más de tres décadas de preeminencia del bilingüismo en las políticas educativas de las personas sordas, haya tantos analfabetos en la comunidad sorda de habla hispana. En una lucha por el reconocimiento de los derechos lingüísticos y culturales de la comunidad sorda, los modelos bilingües y biculturales invirtieron mucho esfuerzo en instalar la lengua de señas como L1 en la educación. Tal labor dio excelentes resultados, sin embargo en lo que concierne al desarrollo de la L2, no se obtuvieron logros satisfactorios. Un modelo que se considere bilingüe debe garantizar el prestigio de ambas lenguas porque de lo contrario, se corre el riesgo de que una de ellas no sea valorada positivamente y esto acarree las consecuencias que observamos. Bajo una idea

---

[2] Son muchas las variables por las que los antiguos modelos orales no eran totalmente efectivos: rigidez de pensamiento como consecuencia de una educación muy dirigida y conductista, tiempos muy largos de rehabilitación que implicaban grandes sacrificios familiares, poca flexibilidad de usos coloquiales del lenguaje, dificultades emocionales y de identidad, etc.

equívoca de que muchas personas sordas no podrían, a causa de la propia sordera, adquirir competencia lingüística en una lengua oral -o escrita-[3] se da por supuesto que dicha capacidad no se desarrollaría más que en niveles básicos y comunicativos. Entonces, el tiempo escolar destinado al aprendizaje de la L2 es muy limitado. Muchos niños sordos que asisten a escuelas bilingües no utilizan dispositivos auditivos – algunos dejan de usarlo por voluntad propia y otros no poseen recursos para adquirirlos-; otros sí los llevan a las escuelas – a veces los usan sin pilas- pero no los consideran funcionales pues los espacios escolares están totalmente inmersos en la comunicación signada y la información auditiva no les resulta necesaria.

Me interesa destacar un hecho muy importante de las políticas educativas actuales que ha influido en desmedro del desarrollo del español en las escuelas de sordos bilingües y el papel que hoy poseen los gabinetes fonoaudiológicos y de articulación en dichos entornos. Presionados por los recortes presupuestarios y por el poco prestigio asignado al aprendizaje del español, el trabajo de articulación se ha minimizado al punto que son pocos los niños sordos que poseen lectura labial. Este recurso, tan valorado por las generaciones pasadas, era la vía de ingreso visual a las lenguas orales. Leer los labios y articular palabras son acciones que sobrepasan los objetivos de la oralidad pues estimulan procesos lingüísticos internos que intervienen en la configuración de las lenguas en el cerebro. En épocas pasadas los aparatos auditivos eran demasiado rudimentarios como para pensar que hubieran ofrecido el input lingüístico suficiente para el desarrollo de las lenguas en las personas sordas, sería acertado considerar que la vía principal de acceso en esos casos no fue la audición sino la visión. La percepción de fonemas en los movimientos y posturas de los labios, apoyados con la representación simultánea de los

---

[3] Prejuicio erróneo pues hay numerosos casos de personas sordas que demuestran haber desarrollado una competencia lingüística en español tan efectiva como un oyente.

grafemas, generaba compensaciones en estos niños, alteraban las vías naturales de procesamiento al desarrollar habilidades especializadas para la comprensión del lenguaje. Esta tarea, que insumía varias horas semanales de trabajo personalizado con los niños, hoy no se realiza y con ello se pierde la principal vía de acceso a la alfabetización que significaban esos espacios. Los modelos bilingües alfabetizan utilizando la lengua de señas como traducción porque dichas lenguas son ágrafas y sus unidades no poseen la misma naturaleza lineal y sintagmática que las lenguas habladas -o escritas-. Tampoco las combinaciones de los signos en las lenguas de señas obedecen a las sintaxis de los idiomas, sino que poseen sus propias gramáticas. Una palabra del español es una unidad discreta que resulta de una cierta combinación de fonemas -no cualquier combinación sino sólo las que admite dicha lengua- que genera un determinado significado. Una palabra signo en lengua de señas no se corresponde con la combinación de letras del alfabeto dactilológico con el que se alfabetiza, sino que conforma una unidad diferente que asocia una seña con un significado, con total independencia del alfabeto dactilológico. Con ello no quito prestigio ni valor a las lenguas de señas, sino que señalo que no es una estrategia positiva utilizar un sistema lingüístico de naturaleza totalmente diferente para enseñar el otro. Ambos deben enseñarse en paralelo y usando sus propias reglas de juego gramatical. *Hay que trabajar la lectura de labios y la lectura de la lengua escrita tan pronto como sea posible*, decía Radelli.

Además de las dificultades detectadas con respecto a la adquisición y el desarrollo de vocabulario, estos niños no pueden integrar en oraciones esas pocas palabras aprendidas como un signo o imagen global. Perciben cada palabra como si fuera un simple eslabón de una cadena, una sucesión de unidades que se correlacionan por la simple presencia de la que le antecede y la que le sigue, sin ser capaces de interpretar las relaciones sintácticas que existen entre ellas. La lectura e interpretación de oraciones completas es una habilidad que se aprende con la escolaridad.

Los niños oyentes interpretan las oraciones que oyen de manera natural y espontánea, pues son procesos que se adquieren y se automatizan durante el desarrollo típico de una lengua. Los niños sordos no pueden desarrollar la habilidad de oír y comprender enunciados completos de manera natural, sino que lo realizan a través de audífonos o implantes cocleares y por ello no deja de ser una intervención artificial, cuya efectivad está sujeta a múltiples variables: edad de uso de equipamiento auditivo, eficacia de las terapias auditivas utilizadas, contexto familiar, presencia de otras patologías que inciden en el desarrollo lingüístico, entre otras. Una oración no es una cadena de palabras, donde cada una se une con la anterior y la siguiente por una simple cuestión de ubicación. Las oraciones son estructuras, árboles donde cada rama es un sintagma y cada sintagma tiene un núcleo que establece relaciones con otros núcleos, aunque estén a varias palabras de distancia. La computación de estos complejos procesos mentales es una maravilla natural de la especie humana que está latente en las personas sordas, pero requiere de intervenciones artificiales para su desarrollo.

Uno de los grandes problemas que poseen las personas sordas es que presentan graves dificultades para realizar representaciones mentales a partir de la lectura de oraciones. La ausencia de estímulo auditivo impide el desarrollo natural de la sintaxis de una lengua, por esa razón debemos estimular artificialmente los procesos mentales que intervienen en el desarrollo sintáctico de las lenguas naturales. Los audífonos e implantes cocleares son los estimuladores por excelencia de la sintaxis de las lenguas habladas y las lenguas de señas estimulan las configuraciones mentales de las lenguas visuales.

---

[4] No es el caso de las Lenguas de Señas que, al poseer formatos visuales y no auditivos, pueden desarrollar dicha capacidad de manera espontánea en contextos naturales de adquisición lingüística.

Con Logogenia utilizamos la vía visual de las lenguas habladas: la escritura. Cada lengua: de señas, oral y escrita posee su propia vía de procesamiento, sus reglas y sus conexiones neuronales, aunque todas puedan vincularse cuando interviene el sistema semántico en las tareas de procesamiento lingüístico. Se aprende a hablar, oyendo; a señar, señando y a leer y escribir usando el código escrito. Todo intento de mezclar los sistemas en etapas de adquisición entorpece el trabajo de cada módulo específico.

Hacemos Logogenia para que los niños sordos puedan ser parte de la cultura escrita y de la literatura; aquí penetramos en un universo diferente al de la comprensión de las oraciones que integran las órdenes con las que trabajamos. En las primeras etapas del método utilizamos tarjetas con palabras escritas, que combinamos y movemos para construir diferentes órdenes, lo que no quiere decir que luego sea superada, sino que cada vez que sea necesario que el niño sordo visualice la movilidad de los constituyentes sintácticos de las oraciones podemos volver a las tarjetas. Inmediatamente, pasamos al uso de hojas, cuadernos y pizarras donde escribimos órdenes concretas y otras absurdas, que los niños representan con acciones o dibujos. Formulamos preguntas y ellos también presentan las suyas; establecemos un diálogo dinámico con fines más analíticos que comunicativos. Preguntamos y pedimos que nos pregunten para observar la producción escrita y trabajar sobre los errores gramaticales que cometen. Esos diálogos van creciendo en complejidad sintáctica y en el uso de oraciones coordinadas y subordinadas, poco a poco introducimos a los niños en la lectura y escritura de párrafos y pequeños textos.

Nuestro objetivo final es la comprensión y producción de diferentes tipos de textos porque consideramos que el uso del lenguaje no es más que el intercambio de intenciones comunicativas establecidas en diferentes formatos culturales. El niño sordo debe aprender a dominar estos formatos para poder interpretar correctamente las intenciones que subyacen en los textos. Y aquí nos enfrentamos a otras de las interrogantes que despierta el trabajo con Logogenia: la comprensión lectora y su enseñanza en la educación especial de la persona con discapacidad auditiva. El acto de comprender textos es un ejercicio continuo y permanente de diferentes tipos de inferencias, cada tipo textual posee características léxicas y semánticas con diferentes operaciones mentales que llevan a la interpretación adecuada. Los niños oyentes acostumbran a usar esta habilidad en el uso natural y espontáneo de las lenguas orales: reciben instrucciones, escuchan bromas, les cuentan historias, indirectas, entre otras comunicaciones intencionales. El desarrollo de esta habilidad natural no garantiza la comprensión del lenguaje escrito, simplemente porque éste último no es natural, sino aprendido y es la escuela la encargada de desarrollar esta capacidad. La situación de los niños y jóvenes sordos frente a la comprensión de textos escritos es más grave aún que en los oyentes, porque ellos no solo carecen de la experiencia previa de comprender textos orales sino que, además, no acostumbran a ejercitar la capacidad inferencial del lenguaje, pues sus intercambios comunicativos suelen ser muy concretos .

El trabajo que se realiza con Logogenia conduce al niño hacia el autoconocimiento de los procesos mentales que debe realizar frente a los textos escritos, pues la práctica sistemática y constante de lectura y escritura comprensiva lleva al niño sordo a desarrollar la capacidad de distinguir qué tipo de inferencias deber realizar frente a los textos. Sabrá, de esta manera, cuándo debe comprender algo en forma literal, cuándo debe establecer conexiones lógicas entre los enunciados leídos, cuándo las inferencias deber orientarse hacia aspectos sociales o culturales

---

[5] Situación diferente es la que se presenta en niños que poseen la Lengua de Señas como lengua natural, pues cuentan con un instrumento que les permite hacer un uso más rico de los intercambios comunicativos. Igual que con los niños oyentes, el dominio de esta capacidad no es suficiente para la comprensión lectora.

de la realidad o hacia sentidos figurados o metafóricos. No les explicamos los que dicen los textos, sino que los acompañamos para que ellos hagan su propia lectura, oración por oración vamos asegurándonos de que el niño está armando el texto en su propia mente. Sin comprensión lingüística oracional no puede haber comprensión lectora o textual.

No podemos pretender que un niño sordo comprenda lo que el texto quiso decir si no puede percibir lo que el texto dice en forma literal. Quien crea que hacer logogenia es solo realizar pares mínimos está muy lejos de comprender el método.

Para leer comprensivamente y producir escritos de manera autónoma se requiere de niños y jóvenes que sean cognitivamente activos. La pasividad, la copia y la repetición automática deben ser revisadas en la educación lingüística del niño con discapacidad auditiva -y de toda la educación en general-.

Las ciencias cognitivas de hoy tienen mucho para decirnos con relación a los procesos neurocognitivos del aprendizaje y nos urge incorporar estos paradigmas a nuestro campo de trabajo. Lo que hacemos con Logogenia es revelador en cuanto a estos procesos se refiere. El niño que recibe logogenia no aprende la sintaxis de la lengua como si fuera un estudiante de lengua extranjera, sino que por medio de la lectura activa los mecanismos biológicos de una capacidad natural. Esta situación cambia completamente nuestra percepción sobre el comportamiento del sujeto que tenemos delante nuestro.

El mundo del subtitulado ha llegado para quedarse. Cada día hay más y mejores herramientas tecnológicas para que las personas sordas puedan acceder de manera directa a la trascripción de las lenguas orales, sin embargo, las personas sordas están varios pasos atrás para disfrutar de estos avances. El subtitulado no es efectivo si no hay comprensión autónoma de la lengua escrita. Necesitamos políticas públicas para la educación del niño sordo que garanticen el pleno dominio de la lengua escrita desde los primeros años de escolaridad. La Logogenia puede garantizar el acceso a la cultura escrita sin más recursos que un papel, un lápiz y un profesional perfectamente capacitado. La compatibilidad y complementariedad de esta metodología con otras terapias y recursos educativos, sin importar que los niños utilicen lengua de señas o aparatos auditivos, hace que la Logogenia sea un método absolutamente democrático.

Cada vez estoy más convencida de que estamos atravesando, y lo venimos haciendo desde hace tiempo, una fuerte crisis en la alfabetización de las personas sordas. No pongo en duda de que también hemos avanzado muchísimo. La aceptación de las lenguas de señas ha permitido que los niños sordos tengan un desarrollo cognitivo y emocional como nunca se ha visto, recordemos las grandes luchas de la comunidad sorda para que las lenguas de señas sean reconocidas como necesarias y prestigiosas. La tecnología auditiva que hoy tenemos, y desde los primeros años de vida, son el mejor aliado para el desarrollo de estos niños, hoy vemos a niños sordos prelingüísticos y con sordera profunda hablar con voz y entonación casi natural.

Todo bien hasta aquí, necesitamos de la lengua de señas y también necesitamos los audífonos e implantes cocleares. Nuestros niños y jóvenes sordos pueden asistir al sistema común y están incluidos como cualquier ciudadano con derechos. Muchos terminan la escuela secundaria y pocos, muy pocos, pueden acceder a estudios superiores. Muchos se frustran ante el primer texto escrito que tienen ante sus ojos y no comprenden qué hicieron mal, si tienen los mismos títulos que los oyentes. Es que muchos niños y jóvenes sordos no se dan cuenta dónde está el problema. Pueden leer en voz alta y escriben con letras preciosas, pero no tienen idea de lo que dicen esas palabras. Simulan y en muchos casos el sistema educativo es cómplice en esta simulación, aprueban y pasan de grado o de cursos, pero son incapaces de leer comprensivamente un simple título del periódico.

Me niego a creer que las personas sordas no puedan aprender a leer y escribir como un oyente. Las generaciones pasadas, sin las bondades educativas y tecnológicas de hoy han logrado mejor desempeño en la lengua escrita. Algo no estamos haciendo bien.

Primera parte

Bruna Radelli

Bruna Radelli[6]

Bruna Villela de Georgi nació en Verona, Italia, en el año 1934. Casada en segundas nupcias con un Radelli, adoptó, a la usanza de la época en Italia, el apellido de su esposo. Hizo sus primeras publicaciones con el nombre Bruna Radelli por lo cual, luego de divorciarse, solicitó autorización a su exmarido para continuar utilizando ese apellido.

Antes de llegar a México en el año 1972, vivió en Madagascar, Turquía, Colombia, Bolivia, Namibia, entre otros países, hacia donde viajaba acompañando a su familia. Dicen, quienes la conocieron, que fue una persona muy activa y políticamente comprometida, participó en varias marchas; por el derecho al voto, a usar pantalones, y otras tantas luchas, cuyo fruto gozamos las mujeres de hoy.

---

[6] Para desarrollar este capítulo conté con información de personas que escribieron sobre ella en internet y con el aporte de la Mg. Ángeles Mendoza Sansalvador, quien trabajó con Bruna desde los primeros tiempos de la Logogenia y con quien se mantuvo en permanente comunicación por vía telefónica desde Italia a México hasta pocos días antes de su fallecimiento. En palabras de la Mg. Mendoza: *Cuando hacía su sabático en Italia nos instaba a todos a llamarla, ¡le fascinaba hablar por teléfono! Hasta nos recomendaba en ese entonces el tipo de tarjeta que podíamos comprar en los puestos de periódicos para hacer llamadas internacionales a menor costo. Cuando decidió irse a un asilo le llamaba más o menos cada tercer día, pero las llamadas ya eran muy cortas porque se agotaba muy rápido, aun así, me pedía que siguiera en contacto para contarle algún buen chisme o en particular de mi vida.*

Llegó a la Lingüística por azar del destino pues su primera pasión académica fue la Física, carrera que estudió en Italia siendo joven. Luego transfirieron a su marido a México y como extranjera no podía tener un trabajo formal. Pidió apoyo a la embajada italiana para que le recomendaran alguna institución mexicana que fuera reconocida mundialmente, sobre todo por Italia. Fue así que le proporcionaron una lista de instituciones entre las que se encontraban la UNAM[7] y el INAH[8], que fueron las que más le llamaron la atención; revisó las carreras que ofrecían y se inclinó por la de Antropología, que se impartía en la ENAH[9], donde cursó después la Especialidad en Lingüística. En el año 1975 obtuvo el título de Licenciada en Antropología con especialidad en Lingüística y su tema de investigación fue Los posesivos en español, allí ya marcaba su interés por los estudios gramaticales. Algunos de sus compañeros de estudios, que cursaron con ella todos los trayectos académicos posteriores a la Licenciatura, la recuerdan como una persona con mucho compromiso y vitalidad. Gabriela Coronado, Martha Muntzel, Rafael Lara, Joel Ordaz y Susana Cuevas publicaron una semblanza in memoriam de Bruna, donde recuerdan que fue ella quien las movilizó para continuar con la formación de posgrado[10]. Preocupada por el aprendizaje de los estudiantes, invitaba a expertos en diferentes temas de lingüística para que dictaran seminarios y clases. Uno de los cursos dictados por John Daly sobre Gramática Generativa fue el inicio de Bruna en este paradigma teórico, que luego culminaría en sus aportes teóricos a la lingüística y en la creación de la Logogenia.

Al concluir sus estudios de grado promovió las gestiones para que se creara la Maestría en Lingüística en la ENAH. Efectivamente,

---

[7] Universidad Autónoma de México.

[8] Instituto Nacional de Antropología e Historia.

[9] Escuela Nacional de Antropología e Historia.

[10] Muntzel Martha y Susana Cuevas [Obituario] "Bruna Radelli", en *Dimensión Antropológica,* vol. 46, mayo-agosto, 2009, pp. 245-248. Disponible en: http://www.dimensionantropologica.inah.gob.mx/?p=11061

junto a otra egresada, Marisela Amador, diseñaron la propuesta de formación de posgrado y consiguieron que la misma fuera acreditada por la SEP[11], con el apoyo del Dr. Leonardo Manrique, importante figura académica en México. En el año 1982 presentó su tesis en coautoría con Chen Zhiyan *La estructura básica de la oración en chino,* con la que obtuvo su grado de Maestría en Lingüística.

Posteriormente y en convenio entre la ENAH y El Colegio de México, cursó el Doctorado en Lingüística Hispánica y en 1984 defendió la tesis *La ambigüedad: un rasgo significativo para el análisis sintáctico,* con el que alcanzó el grado académico de Doctor.

Para Bruna Radelli toda actividad era una razón para investigar y por ello se dedicaba de lleno a su carrera. Impartió cursos de Lingüística a maestros de la Normal de Especialización de Campeche y de Villahermosa, en Tabasco, y justamente en contacto con problemáticas educativas de los niños de esa zona, comenzó a gestarse el proyecto de la Logogenia; preocupada porque los maestros adquirieran conocimientos diferentes sobre la naturaleza del lenguaje. En esos viajes, que generalmente se realizaban durante las estancias académicas de verano, se trasladó a Totonicapán, Guatemala, para dar clases de gramática a maestros hablantes de Quiché. Colaboró intensamente con esa comunidad ayudando en la elaboración e implementación de métodos para la alfabetización masiva de la población. Reconstruyó el funcionamiento de la matemática maya, preparó materiales para su enseñanza y capacitó a muchos quiche-hablantes en su uso.

Desde 1975 fue profesora e investigadora en la Dirección de Lingüística del INAH hasta su jubilación. Desde el año 1987 a 1988 hizo uso del programa sabático para dictar seminarios

---

[11] Secretaría de Educación Pública de México.

de Lingüística y de Didáctica de la Lengua en la Universidad de Venecia y luego, entre 1996 y 1998 Radelli regresó a Italia, a investigar la aplicación de la Logogenia en jóvenes sordos del Instituto Técnico A. Magarotto de Padova. Allí escribió su único libro *Nicola Vuole le virgole. Introduzione alla logogenia.* Ya estando jubilada regresó varias veces a México para atender temas relacionados con la Logogenia, con el funcionamiento y la dirección honoraria del Colegio de Logogenistas y para organizar los dos congresos que se realizaron en el INAH en el 2003 y en el 2006. Regresó a su país natal donde pasó los últimos días de su vida.

Resulta interesante conocer la personalidad de Bruna[12] con el fin de comprender las vicisitudes de la Logogenia en México y el actual reconocimiento de la comunidad científica de la lingüística y la educación mexicanas frente a este importante hallazgo. Las personas cercanas a ella la han definido como, además de muy inteligente y emprendedora, alguien generoso con el saber y comprometida afectivamente. Sin embargo, el tono que Bruna empleaba en sus intercambios comunicativos con las personas en México sonaba más "fuerte" que lo que los mexicanos

---

[12] Tuve el gusto de conocer a Bruna en México cuando cursé el Diplomado en Logogenia organizado por la ENAH en el año 2003 y mi experiencia interpersonal no fue muy grata. El hecho de que yo fuera sorda despertaba en ella algunas reservas con respecto a mi competencia lingüística y, además, me hablaba de espaldas. En esa época yo tenía como principal fuente de ingreso lingüístico la lectura labial ya que los audífonos no me permitían discriminar el habla. Me resultó difícil y un esfuerzo adicional –pues fui sometida a evaluación por una lingüista del COLMEX- hacer "buenas migas" con Bruna. Afortunadamente esta situación se superó tiempo después, cuando regresé a México para el Segundo Congreso Internacional y, posteriormente tuve un intercambio afectuoso y valorativo por correo electrónico con motivo de la defensa de mi tesis de doctorado, cuando ella estaba en Italia y poco tiempo antes de su fallecimiento. Como Argentina, yo estaba más familiarizada con el "modo italiano" de expresión -directa y frontal- y, aun así, su personalidad me resultó avasallante; imagino cómo la percibiría una sociedad como la mexicana, tan cuidadosa de la cortesía en los intercambios comunicativos.

estaban acostumbrados y eso causaba algunas reservas. Hay otra cuestión a tener en cuenta para comprender la repercusión de esta metodología en los ámbitos lingüísticos y educativos en México que, con fuerte impronta de los paradigmas antropológicos y funcionalistas, se mostraron muy reacios a aceptar los enfoques formalistas y generativistas en los espacios de aplicación de las ciencias.

Hay algo positivo en el hecho de que la Logogenia surgiera de alguien que no viniera del ámbito de la educación especial, pues solamente una mirada no contaminada por las eternas luchas lingüísticas de los sordos podría pensar un enfoque tan diferente, como fue el que planteó la Logogenia. Acostumbrados a enseñar la lengua a los sordos para que pudieran *fijarla*, los profesionales se sorprendieron ante la posibilidad de pensar que la lengua no estaba afuera del individuo, sino que era una capacidad interna que debía ser desarrollada.

La creación de la Logogenia y su institucionalización

A principios de los años 90 Bruna Radelli inició las investigaciones que dieron lugar a la creación del método Logogenia; en esa época, la educación del niño sordo en México -también en Argentina y en otros países de habla hispana- atravesaba por cambios importantes. Con una fuerte resistencia por parte de los maestros especiales y también de los padres de niños sordos, se oficializaban los procesos de integración escolar en aulas comunes. La educación de la persona sorda privilegiaba en aquel momento los métodos oralistas o de comunicación total y las corrientes bilingües comenzaban a desarrollar sus primeros proyectos de cambios. Con la transformación educativa se crearon en México los Centros de Atención Múltiple (CAM) organizados para la atención de varias patologías (Ciegos y Débiles Visuales, Audición y Lenguaje, Discapacidad Mental y de Discapacidad Neuromotora), allí comenzaron a recibir alumnos con distintas discapacidades, ubicándolos en diferentes grados escolares según su edad cronológica, desde los 6 meses a los 22 años de edad, en diferentes niveles educativos (Educación Inicial, Preescolar y Primaria), para luego concluir su formación en los Centros de Capacitación para la vida y el trabajo (CAM laboral); estructura que se mantiene hasta la fecha. Las instituciones que solamente trabajaban con niños sordos quedaron en el ámbito privado; por un lado, existían organismos tradicionalmente oralistas, como el Instituto Mexicano de Audición y Lenguaje (IMAL) y por otro, comenzaban a organizarse instituciones propicias a una educación basada en el respeto por la lengua de señas y la cultura de las personas sordas.

En el año 1989 los asesores de Educación Especial de México realizaron un diagnóstico de la situación de los alumnos con discapacidad educativa en las instituciones especiales y reconocieron falencias en el rendimiento escolar de los estudiantes, que consideraron vinculadas con la metodología que se aplicaba en ese entonces; además de otras cuestiones de índole técnico-administrativo. Esta situación llevó a convocar a especialistas que pudieran colaborar con la búsqueda de respuesta eficaces para el desarrollo educativo de estos niños. Se efectuaron entonces, dos líneas de contactos. Una estaba vinculada con personas especializadas en la educación del sordo y, en ese sentido, se contactó al Prof. Octavio Herrera, representante de la institución Grupos Integrados para Sordos en el D.F. que orientaban sus estudios hacia la Lengua de Señas Mexicana y al Dr. Boris Fridman, investigador del Colegio de México, vinculado con el trabajo de la Comunicación Total en la población sorda. La otra línea de contactos se estableció con la Dirección de Lingüística del INAH donde trabajaba la Dra. Bruna Radelli.

En el año 1990 se acordó realizar una capacitación que abarcara diferentes orientaciones sobre la problemática de la discapacidad auditiva, a cargo de especialistas reconocidos. Se tomó como escuela piloto para esta investigación al CAM de Ecatepec, Supervisión 5 y los profesionales de dicha institución recibieron clases de Bruna Radelli sobre perspectivas lingüísticas relacionadas con la naturaleza biológica del lenguaje humano. La capacitación sobre la situación lingüística de las personas sordas estuvo a cargo del Prof. Octavio Herrera. A su vez, durante un año, los asesores recibieron formación sobre aspectos audiológicos en el Instituto Nacional de Comunicación Humana (INCH) de la Secretaría de Salud; a cargo del Dr. Héctor Huipe y sobre lenguaje manual, esta capacitación fue impartida por el Dr. Thomas Smith; del Colegio de México.

Al finalizar la capacitación, las autoridades se convencieron de que la perspectiva presentada por Radelli era la más original y convincente para atender la problemática de los niños sordos y, por tanto, en el año 1992, se firmó un convenio de colaboración entre el INAH, cuyo director era la Dra. Ma. Teresa Franco; los Servicios Educativos del Estado de México (SEIEM), a cargo del Ing. Garza Caballero; la Dra. Ma.Teresa Salgó Jeczis, jefa del Departamento de Educación Especial, y la Dra. Susana Cuevas, autoridad de la Dirección de Lingüística del INAH. El objetivo general de este convenio fue *demostrar que el sujeto con trastornos auditivos puede lograr la adquisición de la competencia lingüística a través del contacto de la lengua con la comunidad normo oyente a la que pertenece.*

En el año 1992 se inició la intervención en la Escuela de Audición y Lenguaje de Cuautitlán, Izcalli; con el Proyecto de Investigación denominado "Adquisición de la competencia lingüística en niños sordos" y para ello, la Dra. Radelli adquirió material bibliográfico de diferente complejidad para trabajar con los niños de la institución. Esta propuesta no prosperó; el nivel de compromiso y de conocimientos básicos de los profesionales del lugar no respondía a los requerimientos de la formación que se ofrecía. Los maestros de esa escuela acudieron al sindicato y presentaron quejas a las exigencias de Bruna y, como consecuencia de ello, se retiraron del proyecto. Como la investigación contemplaba una intervención de cuatro años, se optó por continuarla en otro espacio y se la trasladó al CAM 15, Supervisión No. 6 de Naucalpan; ya con la denominación "Taller de adquisición del español" (TAE); apoyados por el supervisor Eleazar García Chávez y por la directora de dicho CAM, Ma. Antonieta Sánchez Paredes. Durante el transcurso de las actividades, lo que luego sería la Logogenia comenzó a tomar forma y se planteó la necesidad de capacitar a profesionales, para que trabajaran con la nueva metodología y así se pudiera contar con casos suficientes y comprobar la eficacia de este método.

En 1996 Radelli culminó el proyecto en el CAM 15 y, haciendo uso de una nueva residencia sabática, viajó a Italia para implementar el método en otra lengua y además experimentar con adolescentes y jóvenes sordos, ya que en México sus hipótesis solamente habían sido probadas en niños. Allí publicó su único libro, expuso las experiencias de trabajo de Logogenia en lengua italiana y sistematizó los fundamentos teóricos del método; presentados previamente en diversos artículos y en conferencias. Al mismo tiempo, realizó intercambios de conocimientos con diversas instituciones de sordos italianas, portuguesas y españolas. En ese periodo se formalizó un convenio con la Unión Europea, dando lugar al Proyecto ALBAS, ejecutado por el Colegio Nuestra Señora de A. Coruña y con una propuesta también en Portugal.

Cuando regresó a México en el 1999, invitó a profesionales interesados en tomar un curso sobre Logogenia. Esta formación se dictó en la Escuela Nacional de Antropología e Historia y, debido al éxito que se obtuvo y a la demanda de los profesionales, surgió la necesidad de construir algo más formal y que pudiera ofrecerse a los maestros y padres que educan a los sordos, para poder así contar con una formación específica que les permitiera trabajar Logogenia con ellos. En ese momento, Francisco Peral Rabassa se encargó de la gestión para crear, dentro del Departamento de Educación Continua de la ENAH, el primer Diplomado en Logogenia, impartido directamente por Bruna Radelli con la colaboración de la Dra. Marianna Pool (COLMEX) en los contenidos de Gramática Generativa y del Dr. Julio Alfonso Pérez Luna (Dirección de Lingüística del INAH) para Ortografía. Las prácticas se realizaban con la Lic. Ma. Eugenia Pérez Bueno, del CAM de Ecatepec, primera Logogenista de México y del mundo. También se inscribieron líneas de investigación en Logogenia en el Programa de Maestría-Doctorado de la ENAH. Desde 1999 hasta el año 2006 la ENAH certificó los primeros diplomados. Se impartieron cuatro Diplomados en Logogenia y, además de los docentes de educación especial, se aceptó la inscripción de profesionales externos a los SEIEM. Cursaron maestros de Durango, del Estado de Sonora, del Valle de México, profesores de Educación Indígena de la Ciudad de México.

Radelli regresó nuevamente a Italia en el año 1998 y hasta antes de su fallecimiento, en el año 2009, alternó su prolífica actividad académica entre universidades italianas e instituciones de México dictando cursos, diplomados, y dirigiendo tesis de grado y de posgrado[13]. En el año 1998 Radelli acuñó en Italia el nombre Logogenia y se formó la *Cooperativa Logogenia* con el objetivo de llevar a cabo una investigación teórica para enriquecer la Logogenia y continuar la aplicación de esta. Radelli fue designada como Directora Científica y se presentó en el año 2001 un logo creado y registrado en Italia.

En el año 2002 la Mg. Eliana Fernández Botero, luego creadora de la Fundación Dime Colombia, viajó desde Colombia a cursar el Diplomado en la ENAH y, posteriormente, en el año 2003, la Dra. Patricia Salas, fundadora de la asociación civil sin fines de lucro, Dime Argentina, lo hizo desde la ciudad de Salta,

---

[13] Para un recorrido más detallado se puede consultar su propio curriculum vitae en http://www.logogenia.it/uploads/5/4/4/3/54433757/cv_radelli.pdf

Argentina. Ambas profesionales, Fernández Botero y Salas fueron las representantes del método en sus respectivos países.

En el año 2002, Francisco Peral Rabassa propuso la creación de la *Red Logogenia Internacional*, y se dispuso que la presidencia debía ser ocupada por quien estuviera a cargo de la Dirección de Lingüística del INAH, responsable de mantener y avalar la calidad de las actividades de Logogenia que se realicen en las diferentes instituciones. Bruna Radelli fue designada como presidenta honoraria y entre los miembros regulares de la Red estaban los investigadores de la Dirección de Lingüística del INAH, del Departamento de Educación Continua de la ENAH, de Tessera (asociación civil sin fines de lucro para la atención de personas sordas), del SEIEM, de OIRA (Institución de Educación, Psicología y Salud para personas sordas), de la Universidad Pedagógica Nacional de Hidalgo y el Instituto Hidalguense de Educación, de la Cooperativa Logogenia, de la Fundación Pro-débiles Auditivos de Medellín, Colombia, reemplazado luego por Dime Colombia y posteriormente, en el año 2004, se incorporó Dime Argentina. La conformación de esta Red Internacional fortaleció las acciones para consolidar la Logogenia y supervisar la formación de logogenistas en los diplomados ofrecidos en distintos países: México, Italia, Colombia y posteriormente, Argentina. Las líneas de acción para esta Red fueron definidas por Bruna Radelli, en colaboración con los miembros que la conformaron:

- Atención de Logogenia a más niños con discapacidad auditiva.
- Difusión de esta técnica.
- Formación de logogenistas.
- Investigación

En ese mismo año, 2002, se registró la palabra *Logogenia*, con el logo diseñado en Italia, como marca registrada en México; asimismo, la Comisión Nacional de los Derechos Humanos de las Personas con Discapacidad Auditiva en México incluyó a la Logogenia como una alternativa más que deben conocer los padres y las personas con deficiencia auditiva.

Entre los años 2002 y 2005 se creó el *Programa Logogenia* en el Departamento de Educación Especial en el Valle de México, al interior de la Subjefatura Técnica, designando un Asesor Técnico Pedagógico para la coordinación y sistematización de las acciones generadas por este programa. En este periodo se realizó una difusión permanente de la Logogenia en colaboración con miembros de la Dirección de Lingüística del INAH, en los CAM y USAER (Unidades de Apoyo a la Educación Regular), se trabajó con alumnos sordos, y se participó activamente en foros académicos. En el año 2003 se registró el Diplomado en Logogenia ante la comisión mixta de escalafón de los SEIEM, con el número de oficio CME'5201'500'03 acreditando la siguiente puntuación escalafonaria: 20.0769 puntos para los Grupos I y II (Educación Regular) y 35.6557 para los Grupos III (Educación Especial).

El I *Congreso Internacional de Logogenia* se realizó en el 2003, en el Museo Nacional de Antropología e Historia de México. Fue convocado por la Red Internacional de Logogenia y coordinado por la Dirección de Lingüística del INAH, la ENAH y por el Departamento de Educación Especial del Valle de México; se contó también con la participación de representantes de la Cooperativa de Logogenia de Italia y fue presidido por la Dra. Bruna Radelli.

En el año 2004 la *Organización para la Cooperación y el Desarrollo Económico* (OCDE/México) incluyó a la Logogenia con su informe "Mexican Innovation Experiences in order to make effective learning posible" dentro de su Conferencia Internacional sobre los Modelos Emergentes de Aprendizaje e Innovación, con base en lo observado en el trabajo realizado exitosamente en el Departamento de Educación Especial del Estado de Durango, con los Logogenistas formados por la ENAH-DEE del Valle de México.

En el año 2005, en virtud del crecimiento de la Logogenia en México y en el exterior y por otras cuestiones de índole administrativa y por sugerencia del entonces director de la Dirección de Lingüística del INAH, Dr. Francisco Barriga Puente, la Red Internacional de Logogenia continuó sus funciones en una nueva estructura que Radelli avaló bajo la figura de una asociación sin fines de lucro denominada *Colegio de Logogenistas A.C;* independizando de la ENAH la certificación de los diplomados y fomentando la interacción democrática y horizontal de todos sus miembros y se designó como presidente del Colegio al Dr. Francisco Barriga Puente. El propósito principal de este colegio fue diseñar y operar actividades para la difusión, aplicación, formación e investigación de la Logogenia como disciplina teórica y como método de intervención en sujetos sordos, monitoreando su calidad e incentivando la difusión. Se registró el *Colegio de Logogenistas AC* ante Notario Público el 8 de enero del año 2007.

En el año 2005 se realizó, en colaboración con la Dirección de Lingüística del INAH el *Diplomado en Introducción al lenguaje y sus problemas.* Este curso teórico-práctico estuvo destinado a los maestros de lenguaje de los CAM y su propósito fue que profundizaran conocimientos sobre la naturaleza del lenguaje y las diferentes formas de abordar esta problemática en los estudiantes sordos. Este curso se ofreció de manera complementaria a la formación en Logogenia.

En el año 2005 la Licenciatura en Lingüística de la ENAH incorpora la Logogenia como materia optativa en los semestres 6o, 7o y 8o de la carrera y la Universidad Pedagógica Nacional Hidalgo (UPN Hidalgo) lo hace también como materia optativa en el programa de la Licenciatura en Intervención Educativa. En el 2006 se incluye también como optativa en la Universidad

Pedagógica de Hidalgo donde se presenta el proyecto de Investigación "La Logogenia, una alternativa en la educación bilingüe de niños y adolescentes sordos".

En el año 2006 tiene lugar en México el *II Congreso Internacional de Logogenia*, evento organizado nuevamente por el INAH y Coordinado por el Colegio de Logogenistas, la Dirección de Lingüística del INAH, el Departamento de Educación Especial Valle de México e instituciones referentes de la Logogenia de Colombia y Argentina.

En los años 2008 y 2012 se realizaron dos simposios internacionales de Logogenia fuera de México; en Colombia y Argentina, respectivamente. En Colombia por organizado por la Fundación Dime Colombia, y en la ciudad de Mendoza, Argentina, organizado por Dime Argentina.

En el año 2011, el Colegio de Logogenistas A.C. convocó a logogenistas diplomados a profundizar los fundamentos de la Logogenia con el objetivo de fortalecer sus prácticas y en el 2014 se dictó un *Seminario avanzado de Logogenia* en Badajoz, España. El objetivo de esta formación fue fortalecer a las logogenistas formadas en ese país para la creación de espacios de formación de diplomados avalados y certificados por el Colegio. Se incorporó en ese año al Colegio de Logogenistas a *Logogenia Cataluña*, asociación civil sin fines de lucro creada por la Logopeda Alicia Pardo Meléndez y *Logogenia Extremadura* fundado por la Mg. Gema Vidal Matosas. Ambas logogenistas fueron formadas en Argentina por la Dra. Patricia Salas.

En el año 2020 el Colegio de Logogenistas A.C, presidido por la Lic. Maricela Velasco Martínez, convocó al *III Congreso Internacional de Logoge*nia en Buenos Aires, Argentina.

Radelli y la investigación

Bruna escribió solamente un libro, en 1998, *Nicole vuole le virgole*, editado por Decibel Editrice en Padova, Italia. También varios artículos en idioma español y en italiano, publicados en revistas científicas y en actas de congresos. Todo su pensamiento sobre los objetivos y alcances de su propuesta se encuentran vertidos en estos escritos. Se presentarán en este apartado comentarios de las ideas principales de estos documentos, consignando algunos conceptos literales de Radelli y ejemplos de oraciones elaborados por ella. Su tesis de doctorado *Ambigüedad. Un rasgo significativo para el análisis sintáctico,* del año 1985 mostró el inicio de sus investigaciones sobre los significados sintácticos oracionales, tema recurrente en todos sus estudios. Sus escritos revelan un prioritario interés por la lingüística teórica. La otra línea de investigación ha sido la aplicación de la Lingüística al desarrollo del lenguaje en las personas sordas. Estas dos áreas, teoría y aplicación, aparecen de manera específica y delimitada en todos sus escritos.

1. Estudiar el lenguaje desde una perspectiva biológica

La insistencia en el sustrato biológico de la facultad lingüística es una constante en los escritos de Radelli, situación que contrastaba con el ámbito académico donde se gestó el método porque allí no había una total aceptación de las perspectivas biológicas para el estudio del lenguaje. Bruna afirmaba *que tenemos que vivir con el estupor que las facultades del cerebro nos causan, siendo este estupor una de las facultades del cerebro. La propiedad de las estructuras sintácticas es la de crear significados y que éstos no son ni lógicos, ni referenciales ni tampoco obedecen a las convenciones sociales, sino que son una propiedad de cerebro, como otras facultades cognitivas tales como la memoria, la abstracción, la intuición.*

Muchos investigadores usaron varias analogías para describir el concepto chomskiano del lenguaje como una facultad biológica (un órgano, un sistema) Radelli y Collados (1998) formulan la hipótesis de que el Lenguaje es un sentido, como los sentidos que poseen algunas especies animales. De modo que, siguiendo esta idea, propone las siguientes características para el Lenguaje:

- El lenguaje humano tiene un alto grado de especificidad en la selección de sus elementos básicos y en las reglas que lo constituyen.
- El lenguaje es un sistema que está inherentemente constituido por unidades discretas.
- La experiencia es un factor imprescindible para el desarrollo de todos los sentidos, igual que el lenguaje.

Poseemos tres tipos de sistemas sensoriales: interioceptivo (sistema sanguíneo, glucosa), propioceptivo (relación entre el cuerpo y el espacio) y exterioceptivo (sensible a estímulos externos). Todos los sistemas sensoriales poseen mecanismos comunes y están sustentados en una arquitectura jerárquica de células especializadas, donde las receptoras son sensibles a estímulos específicos, según el sentido del que se trate. Luego, a través de sus terminales, se vinculan con células de otro orden y de esa manera la información viaja al sistema nervioso central. Todos los sistemas sensoriales tienen una restricción de "ventana", es decir que se limitan las características mínimas y máximas del estímulo perceptible. Por esa razón, los humanos, como especie, no podemos percibir ultrasonidos ni ver infrarrojos. La información proveniente de un sentido se transmite por los mismos elementos fisiológicos de manera homogénea. Luego, hay una estructura jerárquica en la percepción que se asocia con un proceso de abstracción genéticamente determinado (por ejemplo, no hay una correspondencia lineal entre la longitud de onda y la percepción de los colores).

El lenguaje como sentido impone la idea de ser un sistema estructurado a partir de elementos primarios específicos, estos elementos son los que determinan el umbral de discriminación al que están sujetas las selecciones impuestas por la experiencia, son necesarios para poder luego disparar el posterior desarrollo. Los sentidos transforman los estímulos de la realidad en percepciones y hay un cambio en la naturaleza de unos a otras.

Si el lenguaje es un sentido, operaría de la misma forma que cualquier otro órgano sensorial cambiando la naturaleza del input al output del lenguaje. Si lo que obtenemos a través de los sentidos es transformado en percepciones por estos, y luego dichas percepciones pueden ser el elemento de entrada al lenguaje, este las transformaría en algo de naturaleza diferente; podríamos decir que *el lenguaje sería, entonces, el sentido de los sentidos.* Del mismo modo que el ojo es el órgano de la percepción de estímulos luminosos, el lenguaje sería el órgano de percepción de las percepciones de otros sentidos.

Para Radelli, hay receptores o sensores específicos para captar oposiciones sintácticas -como los hay para percibir olores, sabores o colores- pero no es este el campo de estudio de una Lingüística, que sólo se limita al procesamiento de las oposiciones para el desarrollo de la lengua. Se requiere de otros especialistas para vincular esto con un campo más amplio en las ciencias cognitivas.

Adquirir una lengua no es lo mismo que aprenderla. La adquisición es la exposición a un input en un determinado período crítico de la vida y permite la activación, por medio de la experiencia, de facultades innatas. Aprenderla, en el contexto de la educación del niño sordo, es haber aprendido sobre esa lengua, es decir tener conocimientos explícitos y sistematizados sobre algunos aspectos de un idioma (léxico, algunas reglas gramaticales, conjugaciones verbales). Ese aprendizaje no constituye el input suficiente para el desarrollo de aquella facultad lingüística innata que lleva hacia la llamada competencia lingüística. Dado que algunas personas sordas, profundas y prelingüísticas, han desarrollado la competencia lingüística en una lengua histórico-vocal a edades más avanzadas que la que desarrollan los niños oyentes -y sin haber tenido contacto previo con una lengua de señas- se podría considerar que el período crítico para el desarrollo del lenguaje (y de otras facultades cognitivas) es más extenso que en las situaciones típicas. Esto lleva a pensar en cuáles podrían ser las condiciones mínimas e imprescindibles que deberían existir para un desarrollo lingüístico. Para Radelli podrían estar vinculadas con la percepción de lo que denomina significados sintácticos.

Como la percepción de la oposición es la base de todo tipo de experiencia, es necesario percibirla en pares para poder interpretarlas. La percepción selecciona, registra y procesa un tipo muy específico y restringido de oposición, sin que sea posible incursionar en otras formas de ella. En la lengua, la oposición se manifiesta en todos los niveles lingüísticos (fonético, léxico o sintáctico) y este último es la que interesa a la Logogenia. Presentar estímulos a través de pares mínimos permite que la información que necesitamos que el niño sordo perciba, se muestre con claridad y precisión, intentando concentrar en pocos elementos la vasta experiencia lingüística que posee un niño oyente frente a la adquisición de datos orales.

El trabajo con Logogenia nos permite tener disponible todo el input que se le ha ofrecido al niño durante la terapia y eso facilitaría la revisión y correlación con los resultados obtenidos.

2. La competencia lingüística

Se puede tener competencia comunicativa sin poseer competencia lingüística, ambas nociones no son opuestas, se complementan, corresponden a dos sistemas diferentes de procesamiento. Tener competencia lingüística es, para Radelli, ser capaz de reconocer dónde están los límites de la propia lengua y ello implica percibir la agramaticalidad en algunas construcciones que comunicativamente puedan ser comprensibles. Quien tiene competencia lingüística en una lengua sabe esa lengua y por ende, comprende las informaciones contenidas en sus oraciones, sin necesidad de recurrir a contextos extralingüísticos. Este tipo de saber no es una destreza aprendida sino una facultad natural. Cita un ilustrativo ejemplo de Pinker (1994) a los efectos de mostrar la importancia de la correcta percepción de la información sintáctica que transmiten las oraciones:

> *El hijo de catorce años de un policía, aparentemente enfurecido por un castigo recibido por una mala calificación, abre fuego desde su casa, matando a un policía e hiriendo a tres personas antes de ser matado a su vez.*

> *El hijo de catorce años de un policía, aparentemente enfurecido por un castigo recibido por una mala calificación, abre fuego desde su casa, matando al policía e hiriendo a tres personas antes de ser matado a su vez.*

Una persona que sabe su lengua percibe naturalmente el contraste entre los dos ejemplos anteriores, sin necesidad de explicitar qué elemento es el que provoca tal diferencia, sin embargo muchas personas sordas son incapaces de darse cuenta. Ejemplos de este tipo pueden ser comprendidos por cualquier persona con competencia lingüística en su lengua antes de ingresar a la escolaridad primaria, nadie recuerda cómo aprendieron a hacerlo ni si alguien les ha enseñado. Los textos escolares de gramática son útiles para tomar en cuenta los elementos que hay en la lengua para otorgar significado, pero siempre sobre la base de que un niño en edad escolar ya sabe o conoce su propia lengua.

La lengua se adquiere de manera natural, es el desarrollo de una facultad biológica innata en la especie humana cuya activación requiere de la inmersión en entornos lingüísticos desde los primeros años de vida.

Radelli habla de la ilusión que crea la aparente unidad que se observa en el desarrollo cognitivo de una persona. Cuando aparece una disfunción en alguna de las capacidades, esta aparente uniformidad se desmorona y es allí cuando se toma conciencia de que algunos sistemas son autónomos. Aunque no lo diga explícitamente, se pone de manifiesto una afirmación a favor de una teoría modular de la cognición humana.

¿Cuánto de español debe saber una persona sorda para considerar que posee competencia lingüística? Para Radelli *saber español* implica varias capacidades que están más allá del conocimiento de un centenar de palabras. Una persona tiene competencia lingüística o <u>sabe español</u> cuando:

a. Sabe quién murió en:
   1. Pedro mató a Juan[14]
   2. Juan mató a Pedro
b. Reconoce que la siguiente oración es gramaticalmente correcta, aunque el significado sea absurdo.
   3. Los círculos son cuadrados
c. Puede reconocer que, en el ejemplo siguiente, cualquiera de las dos personas pudo estar cruzando la calle
   3. María vio a Pedro cruzando la calle

La competencia lingüística correspondería al conjunto de saberes específicos de la lengua que no se pueden enseñar de manera directa o explícita, porque se adquieren naturalmente. Alguien que tiene una lengua natural, posee dichos saberes, pero quien no la ha adquirido puede dominar la lengua para la comunicación,

---

[14] Todos los ejemplos de oraciones utilizados en esta primera parte corresponden a los propuestos por Bruna Radelli en todos sus escritos.

aunque no tenga competencia lingüística. Podemos entender y darnos a entender en un idioma que no *sabemos* con solo poseer algunas palabras básicas; como un hablante extranjero que no domina la lengua.

Tener competencia lingüística implica dominar la sintaxis de una lengua de manera tal que podemos percibir los significados que se trasmiten en la combinación de palabras. Es un saber que excluye el conocimiento referencial o del contexto porque, quien lee y oye una oración, rápidamente percibe los significados que se transmiten, sin tener en cuenta el conocimiento del mundo al que hace referencia la oración. En la expresión:

5. Juan mató a Pedro

Se puede percibir que Pedro murió y no Juan, aunque no interese comprobar que el hecho sea así.

Otra noción que Radelli considera como una prueba de competencia lingüística es el reconocimiento de estructuras gramaticales del español, frente a aquellas que no lo son. En efecto, aunque parezca un sinsentido que alguien que sabe español entienda perfectamente que las siguientes oraciones puedan ser interpretadas, aunque su referencia sea absurda:

6. La hormiga aplastó al elefante
7. El bebé mordió al tigre

En otros ejemplos como:
8. El niño querer comer *
9. Los círculos es una figura geométrica *

Un hablante nativo de español reconoce que, aunque se comprenda lo que se quiso transmitir, dichas oraciones no pertenecen a su lengua porque son agramaticales.

Reconocer al lenguaje como un mecanismo autónomo que genera significados que no dependan del contexto es aceptar que sus posibilidades están más allá de la simple comunicación, y esto es crucial para entender la situación de las personas sordas. Para Radelli, *no hay que conformarse con el desarrollo comunicativo de estas personas porque de ser así estaríamos aceptando su progresivo empobrecimiento. Si no adquieren competencia lingüística solo dominarán el español como un extranjero, usándolo solamente a efectos comunicativos*[15].

Para ejemplificar cómo a través de la lengua pasa información muy específica y absolutamente necesaria para la comprensión, tomaremos algunas oraciones de Radelli.

10. Juan sabe poco de historia
11. Juan sabe un poco de historia

12. Llegó con el titular de finanzas y jefe del partido
13. Llegó con el titular de finanzas y el jefe del partido

14. Hablarán los viejos que tienen más experiencia
15. Hablarán los viejos, que tienen más experiencias

---

[15] Esta reflexión puede ser un llamado de atención a las políticas lingüísticas bilingües que no otorgan un peso significativo al dominio de la segunda lengua. No me refiero exclusivamente a la lengua oral, pues podemos concebir un modelo bilingüe que solamente tome el registro escrito del español para aquellos casos que, por opciones culturales o por ausencia de recursos, no utilicen equipamiento auditivo. La negativa a utilizar la vía auditiva para el desarrollo lingüístico es una opción que debe ser respetada, pero a sabiendas de que la tecnología auditiva actual en edades tempranas otorga a los niños sordos la oportunidad de desarrollar el habla y la compresión de la lengua oral de manera casi natural. En lo que respecta a la lengua escrita y en el contexto de población de habla hispana, muchas personas sordas educadas en el paradigma bilingüe y bicultural son casi analfabetas, aunque posean competencia lingüística en lengua de señas. Lo preocupante de esta situación es que no hay conciencia de ello.

Si presentamos estos ejemplos a personas sordas que no poseen competencia lingüística en español, seguramente encontrarán las diferencias gráficas en cada par de oraciones -la capacidad de observación en ellos está muy bien desarrollada- en efecto, dirán que en el primer par aparece y desaparece la palabra **un**, en el segundo par, la palabra **el** y también notarán que la coma cambia de lugar en el tercer par de oraciones. Sin embargo, son incapaces de notar que en la oración 10 del primero, se está afirmando que la persona no sabe casi nada de historia, mientras que en la 11 sabe algo; en la oración 12 la persona llegó acompañada de alguien, mientras que en 13 llegó con dos personas y en las oraciones del tercer par se indica la oposición entre quiénes hablarán y por qué serán los viejos. Solamente quienes tienen competencia lingüística en español pueden percibir los significados que transmiten estos tres pares de oraciones. Quienes no la poseen, dice Bruna, *están ciegos a la lengua como un ciego está a los colores, es decir saben que existen, pero no lo pueden percibir.*

Cuando se hace referencia a la competencia lingüística, se puede aludir a dos estados del cerebro; un estado cero que coincide con la facultad de lenguaje que tenemos al nacer, biológica e inconsciente; y el otro estado correspondería al grado de competencia alcanzada una vez que se adquiere una lengua, coincide con la noción que desarrollamos en este libro sobre lo que significa *saber una lengua.* No se puede tener mayor o menos competencia lingüística, porque no es una capacidad que pueda ser mensurable. Es innegable que todas las personas sordas poseen ese grado 0 de competencia, la facultad natural inherente a la naturaleza humana; lo que se busca con Logogenia es el segundo concepto, es decir el grado al que queremos que lleguen los niños sordos, gracias al trabajo con Logogenia. Elaborar un instrumento que permita afirmar si la persona sorda que recibió logogenia ha desarrollado dicha competencia es un gran desafío y, como ya afirmé anteriormente, no tenemos tal investigación diseñada, parametrizada y validada. Lo que sí poseemos, es una base interesante para desarrollarla a partir de tres nociones que son claves para Radelli. De modo que una persona sorda sabe una lengua o posee competencia lingüística en dicha lengua si puede:

- Discriminar lo gramatical de lo agramatical en el lenguaje.
- Percibir significados diferentes que subyacen en oraciones ambiguas.
- Comprender la metáfora.

3. El estudio de los significados sintácticos

"Buscando configuraciones sintácticas y sus significados: pistas para neurólogos", del año 1993, es un artículo de gran complejidad pues se toca, en pocas páginas, grandes problemas epistemológicos, pero sin referencias bibliográficas[16], que podrían ayudar a una mejor comprensión de lo que Radelli intentaba comunicar.

Para Bruna, toda la Lingüística es un estudio sobre el significado, en diferentes niveles, aspectos y unidades, y es tarea del lingüista especificar cuáles son las reglas pertenecientes a cada nivel.

En lo que respecta al significado oracional, señala que son muchos los factores y niveles de la lengua que contribuyen a la interpretación global de una oración; pero quien se dedica a la sintaxis debe reconocer y separar de esa globalidad los mecanismos significantes que no pertenecen a ese nivel de análisis. Este significado sintáctico debe distinguirse de otros que necesitan de la información del contexto para ser comprendidos. En las siguientes oraciones.

---

[16] Todos los escritos de Radelli carecen de referencias bibliográficas y están redactados en un estilo discursivo más coloquial que académico, posiblemente porque la mayoría son publicaciones de ponencias en congresos; muchos de ellos destinados a no especialistas de la lingüística.

16. El cura me absolvió

17. El juez me absolvió

No solo se percibe el contraste de significado por el cambio del sujeto *cura* por *juez,* sino que además, se debe reconocer que el sentido de absolver varía según quien realice la acción sea un juez o un sacerdote. En el siguiente ejemplo:

18. Aquí hace frío

La referencia contextual del adverbio de lugar es variable por definición, es decir que con solo leer la palabra *aquí*, deducimos que se trata de algún lugar. El lugar está muy bien determinado, aunque la oración sea emitida por diferentes personas y en distintos momentos y lugares. Lo mismo sucede en este ejemplo:

19. Mañana me voy de vacaciones

El "mañana" se actualiza cada vez que se enuncia la oración.
Con los pronombres, continúa Bruna, se pueden presentar diferentes situaciones y en algunos casos, depende exclusivamente de la persona que los usa o los escucha. Es lo que sucede en:

20. Yo te dije una mentira

Pero hay otros que requieren de una interpretación extralingüística para identificarlos. Cuando se emiten oraciones como:

21. Ellos acaban de llegar

La referencia se puede completar en el contexto por una mirada o un señalamiento.
Hay otros significados contextuales que no hacen referencia a lo externo, sino que el sentido debe buscarse en el mismo lenguaje.

Si alguien menciona a Juan, por ejemplo, y luego dice:

22. Hace meses que no lo veo

Ese *lo,* tiene un sentido más restrictivo, porque refiere a alguien nombrado anteriormente, aunque también podría emitir la misma oración en otro contexto; por ejemplo, mientras veo una fotografía, en este caso la referencia sale de la lengua para hacer alusión a la realidad no lingüística.

Hay otra clase de significados que no precisan del contexto y son los que particularmente le interesan a Radelli. En efecto, los significados sintácticos permiten que en oraciones como:

23. Pedro mató a Juan
24. Juan mató a Pedro

Saber quién mató a quién es algo que se resuelve en la interpretación de cada enunciado, sin tener ninguna necesidad de corroborar el hecho en la vida real.

Radelli considera que el estudio de los significados sintácticos podría revelar datos significativos para comprender cómo la mente otorga relevancia a ciertos elementos oracionales y luego asigna configuraciones determinadas.

Los significados sintácticos son otra cosa, dice Bruna, son significados que se construyen por la misma sintaxis y se interpretan en ella. En una oración como:

25. Llevaré a mi hijo que trabaja en el banco

Podemos distinguir dos posibilidades; un único hijo que trabaja en el banco o uno de sus hijos, el que trabaja en el banco. Bruna considera que las relativas restrictivas (es decir el constituyente "que trabaja en el banco") introduce el significado de identificación y éste está determinado por la sintaxis, no por el léxico ni por ninguna otra fuente explícita o implícita.

Otro tipo de significado sintáctico es el *sujeto,* categoría puramente sintáctica que no puede parafrasearse como el que realiza la acción del verbo, ni ser la persona o cosa de la que se habla en la oración. De modo que en oraciones como:

26. María recibió una paliza de su novio

No podemos decir que la que realiza la acción es María, que es el sujeto sintáctico. De la misma forma en:

27. Estoy hablando de María

El sujeto no es María, sino yo, aunque el tema del que se habla sea María.

Los *significados sintácticos* que constituyen el sujeto y el *predicado* de una oración no hacen referencia al mundo extralingüístico (no así las designaciones semánticas del sujeto y el predicado); son creaciones de la lengua, *nada es sujeto o predicado en ningún lugar fuera de la lengua,* dice Radelli. Inclusive para Bruna, las oraciones impersonales también tienen sujeto sintáctico y está presente en la morfología del verbo. Cuando se trata el tema *sujeto* en una lengua, hay que distinguir dos cuestiones diferentes; una es la naturaleza sintáctica del sujeto, su identificación en una lengua en particular, y la otra, es la discusión acerca de su significado; son cuestiones diferentes. El objeto de estudio de Radelli es el segundo, es decir, determinar qué tipo de significado es el sujeto de una oración (en relación con otros tipos de significados; léxicos, referenciales) y cómo la sintaxis (ese mecanismo combinatorio innato) crea significados.

Otro ejemplo de *significado sintáctico* que Radelli propone se encuentra en el comportamiento gramatical de adverbios como "probablemente", "naturalmente", entre otros. En ejemplos como:

28. Naturalmente murió
29. Murió naturalmente

Notamos dos representaciones, se puede decir que, como se esperaba por una determinada circunstancia, se produjo el deceso; o bien se puede interpretar que alguien falleció de manera natural, por vejez.

Entonces, si la sintaxis crea significados, estos serían producidos por el cerebro; que no es lo mismo decir que sean procesados por él, pues esto es algo obvio, ya que el cerebro procesa todos los estímulos que ingresan. Los significados producidos por el cerebro se refieren a aquellos que se crean, no a partir de datos externos, sino de datos internos. El ejemplo que Radelli plantea para tratar de explicar cuál sería la naturaleza de ese tipo de significados es el de la posibilidad de acceder a lo que sucede dentro del cerebro cuando una persona intenta comprender, por ejemplo, el teorema de Pitágoras. Toda la primera parte del proceso de comprensión se realiza a partir de la interpretación de datos externos y se llega a un punto determinado, un estado del cerebro, donde se comprendió el teorema. Para Radelli, este estado es una configuración mental interna y lo que sigue de allí, luego de ese estado, es un procesamiento que se hace sobre esa configuración (que ya no son datos externos, sino que ha sido creado por el cerebro, luego de interpretar aquellos datos). Puedo afirmar, ya conscientemente, que entendí el teorema cuando entendí lo que mi propio cerebro ha elaborado; es decir estoy comprendiendo algo elaborado internamente. Cuando el cerebro humano percibe estímulos externos, crea fenómenos dentro del propio cerebro, es decir son estados del cerebro. Si alguien percibe algo frío, sólido o amargo, tendrá diferentes sensaciones; aunque no sepa cómo se llame eso que está sintiendo. Tener una experiencia no es lo mismo que hablar sobre la misma y, aun así, hay diferencias entre las palabras que utilizamos pues, decir que algo es sólido, no es lo mismo que decir que es bello; porque las representaciones que se hacen de cada experiencia son diferentes. Para Radelli, un juicio acerca de la solidez no es igual al de la belleza, pues el concepto de belleza es creado por el cerebro; no existe nada bello fuera de un cerebro que lo juzgue bello. No ocurre lo mismo con la solidez, que podemos comprobarla. La diferencia entre la solidez y la belleza está en las propiedades del objeto; algo es intrínsecamente sólido, mientras que decir que una cosa es bella implica emitir un juicio que puede variar entre quienes lo juzguen bello. Aunque usemos membretes para hablar de las experiencias de solidez y belleza, esos procesos cerebrales no tienen que ver con los significados sintácticos como creación del cerebro.

Para profundizar, establece un paralelismo entre el vidrio, sus propiedades y el cerebro. Así como el vidrio, el cerebro tiene una determinada composición fisicoquímica, pero también estados y propiedades específicas.

Los *significados o configuraciones sintácticas* son estados determinados del cerebro en momentos específicos y se crean para dar significado a algo, para ser la fuente directa de un significado en particular. Estos significados no surgen a partir de los estímulos, sino que son resultados de procesos internos del cerebro. *Son patrimonio genético de cada individuo que haya desarrollado normalmente el sector lingüístico de su cerebro por medio de la adquisición de cualquier lengua.* El lenguaje, dice Radelli, *tendría el funcionamiento de un sentido que permite procesar datos externos hasta acomodarlos en configuraciones internas que producen su propio significado, que son el referente específico de un significado específico.* Quien no sabe una lengua, o no posee competencia lingüística, es como alguien ciego a los colores; en efecto, no existe ningún entrenamiento ni forma de paráfrasis que permita a una persona ciega percibir los colores, pues nada puede intervenir de manera directa en esa área de percepción. Una persona ciega puede saber que los colores existen, puede hablar de ellos y hasta usarlos, pero lo que no puede hacer es percibirlos. No sucede lo mismo con la percepción de las formas, una persona ciega puede no ver las formas, pero sí puede hacerlo mediante el tacto, es decir por una adaptación sensorial. Para quienes no saben una lengua, los *significados sintácticos* son como los colores para las personas sin visión. En cambio, sí pueden reconocer otros tipos de significados lingüísticos (léxicos, fonológicos o pragmáticos) pues se puede acceder a ellos a través de otras vías sensoriales, tal como sucede con las formas en los no videntes. Una persona sorda puede acceder, por ejemplo, a la percepción de los fonemas del español a través de la lectura labial, alguien con sordoceguera, a través del tacto.

Radelli expresa que esta situación, es decir las dificultades que presentan las personas sordas frente a los *significados sintácticos*, es desconocida por muchos profesionales y no son conscientes de la gravedad del hecho y, como desconocen la naturaleza de este problema, terminan atribuyéndola a cuestiones externas a la lengua (el contexto, el conocimiento de mundo) o carencia de vocabulario. Esto conlleva un esfuerzo inútil en las tareas educativas o terapéuticas.

4. Cuál y cómo: un tipo de significado sintáctico

El artículo "El cuál y el cómo en la sintaxis del español", publicado por El Colegio de México en año 1986, nos introduce en unos de los pilares de la Logogenia: la ambigüedad sintáctica. Allí encontramos un concepto que luego será clave para comprender en qué plano cognitivo nos ubicamos cuando hacemos Logogenia. El término "configuración", utilizado por Bruna para definir una parte del significado de la oración que es independiente del significado léxico, ya resultaba polémico frente a las nociones gramaticales imperantes en la educación lingüística de las personas sordas cuando se creó el método, pues es un término totalmente desprovisto de intencionalidad comunicativa, más frecuente en nociones de la Lingüística Funcional. En los siguientes ejemplos:

30. La maestra enferma se casa
31. La maestra se casa enferma

Bruna intenta mostrar que hay una clase de significados oracionales que, independientemente del contexto donde se producen, generan interpretaciones diferentes; simplemente porque obedecen a configuraciones sintácticas distintas. En 30) y 31) se utilizan exactamente las mismas palabras, sin embargo, es el orden sintáctico lo que determina que en ambas oraciones se expresen significados totalmente diferentes. En 30) se hace referencia a cuál de las maestras es la que se casa, mientras que en 31) la información más importante de la oración está en considerar cómo se casa la maestra. Gramaticalmente, el orden sintáctico de cada oración determina la función sintáctica que cumple la palabra "enferma"; la de modificador en 30), y por tanto constituyente inmediato del sintagma nominal "la maestra enferma" y la de complemento predicativo en 31) y por tanto, no es un constituyente inmediato del sintagma. En ambos casos la palabra "enferma" concuerda en género y número con la palabra "maestra", sin embargo, es el lugar donde aparece lo que determina el significado oracional. El cómo en español se expresa por medios más complejos que el cuál. En efecto, el complemento predicativo, ya sea subjetivo u objetivo, no puede estar relacionado con cualquier sintagma de la oración, sino solamente con los que aparecen en el sujeto o en el objeto directo, que serían sus antecedentes. En el siguiente ejemplo:

32. María toma el café caliente

Se perciben ambos significados (cuál y cómo) en la misma oración superficial, sin embargo, nuestra mente puede interpretar dos significados diferentes según se tome un solo constituyente el café caliente o dos constituyentes por separados el café y caliente. Otra forma de expresar el cómo en español es el que se manifiesta en la función de atributo de los verbos copulativos, donde la cópula no es obligatoria porque estos verbos tienen significado por sí mismos. Un ejemplo de ambigüedad con estos verbos es el siguiente:

33. Juzgaron a Pedro enfermo

Se puede interpretar que Pedro estaba enfermo cuando lo juzgaron o que lo declararon enfermo. Un hablante nativo da cuenta intuitivamente de los significados que están implícitos en una estructura superficial; esta intuición no es una adivinanza, sino que está estrictamente regida por la información sintáctica contenida en la oración, de la cual el hablante no es consciente, pues justamente se trata de una configuración mental. En el ejemplo:

34. Quiero la tortilla caliente

Puedo estar pidiendo que, de un conjunto de tortillas frías y calientes, quiero que me den la que está caliente; o bien, puedo solicitar que escojan una tortilla y la calienten, antes de entregármela. Es decir que, en términos gramaticales, lo que produce el contraste es que la mente perciba dos constituyentes diferentes. Se puede interpretar el sintagma completo "tortilla caliente", que cumple la función de complemento directo en la oración, o percibir dos sintagmas en lugar de uno solo "tortilla" (que cumple función de objeto directo) y "caliente" que es un predicativo no obligatorio; de modo tal que estructuralmente tendremos dos oraciones diferentes. El origen del *significado sintáctico* de esta oración ambigua no es la palabra "caliente", ni el contexto donde podría haber sido emitida la oración. La fuente de la palabra "caliente" es el mundo extralingüístico (la referencia a la temperatura de un objeto que existe en la realidad); lo que no posee ninguna referencia externa es la manera de diferenciar, en una misma oración, cómo es una cosa de cuál puede ser esa misma cosa.

Radelli presenta otro ejemplo de estructura ambigua y lo compara con lo que sucede con los significados *cuál/cómo*.

35. Vi a Pedro cruzando la calle

En el mundo real puede suceder que yo vea a Pedro mientras estoy cruzando la calle o que sea Pedro el que la cruza, estas son situaciones contrastables y cada una posee diferente estructura sintáctica, ambas situaciones pueden reemplazarse por dibujos, pantomimas, etc. En cambio, para el contraste *cuál/cómo,* Bruna afirma no haber encontrado la manera de explicarlo utilizando referencias extralingüísticas y no cree que las respuestas puedan buscarse en cuestiones relativas a la percepción de propiedades o formación de juicios; que son temas que están fuera de la lingüística.

Realizar investigaciones en torno a los *significados sintácticos* aportaría, además de la utilidad práctica para el trabajo con Logogenia en personas sordas, datos interesantes para la teoría y enriquecería el concepto de autonomía de la sintaxis. Asimismo, este tipo de investigaciones podría ofrecer un interesante material de trabajo para los profesionales de las neurociencias.

5. La gramaticalidad y agramaticalidad de las estructuras sintácticas

Alguien que posee una lengua sabe, intuitivamente, sin necesidad de razonar ni recordar algo memorizado, si una oración en dicha lengua está bien o mal. Este conocimiento no tiene nada que ver con el conocimiento escolar sobre la lengua, pues éste no es espontáneo ni natural, sino que es aprendido y, por sobre todas las cosas, es un saber consciente y reflexivo, fruto de la elaboración y el análisis razonado de los fenómenos lingüísticos. Por ejemplo, decir que la palabra *"casa"* es un sustantivo de género femenino, es algo que se aprende con la escolaridad, en cambio, decir: *El casa es lindo,* es una oración que está mal, que no pertenece al español, aunque se comprenda su sentido. La idea de lo que está bien o mal no se relaciona con el sentido. Es un concepto totalmente formal, es decir si es una oración gramaticalmente bien formada del español, o si no lo es. Para quien tiene competencia lingüística en una lengua, este reconocimiento intuitivo es algo natural e inconsciente, no necesita de ninguna explicación ni constatación con la realidad. Bruna relaciona este tipo de conocimiento con el que tenemos cuando sentimos algún dolor, sabemos que algo nos duele sin importar por qué, ni la causa de ese dolor; para saber por qué debo hacer una reflexión, saber sobre anatomía, etc. Una oración como:

36. El niño duerme

Es gramatical y se vincula con las reglas de la lengua, no con el contexto ni con las palabras que se utilizan. En cambio, la oración:

37. La sopa está salado

No es una oración del español.

La gramaticalidad de una oración señala el límite de esa lengua, fuera de ese límite, no hay lengua. No se puede concebir una lengua con una gramática "más o menos", si una oración no corresponde a las reglas de ese idioma, simplemente es agramatical. Esta situación es lo primero que se pone en evidencia en el caso de las personas sordas que no poseen competencia lingüística.

Para Radelli la gramaticalidad de una secuencia lingüística puede compararse con la gramaticalidad de una secuencia aritmética. No se trata de la linealidad de las unidades, sino que para que esa secuencia sea significativa debe respetar las reglas combinatorias entre sus unidades. Así, una secuencia como 2 x (5+3) = 16, es una secuencia gramatical. Mientras que 4:3x=1, no lo es.

La agramaticalidad de una oración puede darse por diferentes razones. Una de ellas puede ser porque el orden de los elementos es anómalo, como se observa en:
38. *Silla la es blanca

También los errores pueden manifestarse en la concordancia entre los elementos oracionales:
39. *Un niño comió dos manzana
40. * Los maestros están enojado
41. *Una niña lloraron

O en oraciones que se presentan incompletas:
42. *El perro trajo
43. *Comí el pastel con
44. *Un llora

Otra forma de agramaticalidad la encontramos en oraciones donde el error se presenta en la estructura interna del predicado. Sucede en estos ejemplos:

45. *El maestro llegó una carta
46. *Juan llovió dinero

Frente a los ejemplos anteriores, las personas sordas se enfrentan a un grave conflicto. Muchos no se dan cuenta de que esas oraciones son anómalas y sumado a ello, su carencia léxica les impide construir correctamente algunos predicados; asignan a los verbos papeles temáticos que no corresponden. Radelli da algunas recomendaciones sobre cómo evaluar en personas sordas este tipo de oraciones, pues es importante estar seguros de que el destinatario de la prueba comprenda bien lo que se le está solicitando, es decir, que lo que tiene que decir es si está bien o mal la forma de la oración, no el contenido que transmite. Así en oraciones como:

47. Los perros son azules
48. Los cuadrados son redondos

La gramaticalidad debe percibirse sin que interfieran juicios sobre la verdad, falsedad o sensatez acerca de lo que se está diciendo. Cuando se utiliza este tipo de oraciones para determinar si son gramaticales o no, se debe tener en cuenta que hay algunas que llamamos "idiosincrásicas" porque su gramaticalidad es dudosa, por lo general estas se corresponden con los usos regionales de las lenguas. Véase, por ejemplo, lo que sucede con los usos de los llamados *leísmo* o *loísmo* o con algunas oraciones de la voz pasiva. En el ejemplo:

49. El pastel fue comido por los niños

No hay dudas de la gramaticalidad, sin embargo, son oraciones de uso poco frecuente. Las gramaticalidad y agramaticalidad de las construcciones definen las fronteras de un sistema lingüístico y permiten reconocer si una persona posee la lengua como un sistema o como un simple catálogo de palabras.

En cuanto al reconocimiento de la gramaticalidad y agramaticalidad de los enunciados, la experiencia con los niños sordos pone de manifiesto que muchos de ellos no saben dónde están los límites del idioma. Tienden a gramaticalizar las expresiones o a ignorar la agramaticalidad de estas. Para un niño sordo que no sabe español, el repertorio de palabras del idioma es muy limitado y por lo general las almacenan en su memoria como etiquetas sin percibir la morfosintaxis de las palabras; de modo que no distinguen cualquier alteración en la estructura de la palabra guardada y, como consecuencia de ello, no reconocen cuándo se trata de una palabra y cuándo de una *no palabra*. Del mismo modo, no perciben la estructura gramatical de la oración y en la mayoría de los casos, cualquier cambio en la forma canónica de una oración simple les resulta imposible de interpretar. En cuanto a las estructuras ambiguas, es decir aquellas que pueden permitir dos o más interpretaciones a partir de la misma estructura superficial, la experiencia con los niños sordos que no saben español indica que presentan grandes limitaciones para esta tarea.

Ambigüedad y gramaticalidad son nociones que constituyen el núcleo duro del método y serán recuperadas por Radelli casi al fin de su vida, en un intento de desarrollar en Italia una prueba de medición de la presencia o ausencia de competencia lingüística en niños sordos, experiencia de la cual se poseen algunos artículos pero que no llegaron a concretarse en ninguna investigación.

6. Ambigüedad y metáfora

<u>Las oraciones sintácticamente ambiguas</u>

La segunda prueba que Radelli considera válida para determinar si una persona posee o no competencia lingüística, es la que refiere a la interpretación de los significados posibles de una oración sintácticamente ambigua. En oraciones tales como:

50. Una vieja demanda ayuda
51. El hijo de la vecina con anteojos es feo
52. Juan verá a Pedro cruzando la calle

Se puede estar hablando, en la oración número 50, de la antigüedad de una demanda o de la vejez de una persona; en la oración 51, de si el portador de anteojos es el hijo o si es la madre y en la 62, de que puedan ser dos personas diferentes las que pueden estar cruzando la calle: Juan o Pedro. Son oraciones gramaticales, es decir que están dentro del sistema, pero cada una de ellas posee dos significados diferentes y excluyentes.

Es común la referencia a ambigüedades léxicas, como sucede por ejemplo en la oración *En este banco me siento muy cómoda*, que puede entenderse como un establecimiento de crédito o como un lugar para sentarse. Lo que a Radelli le interesa es otro tipo de ambigüedad, determinada por la sintaxis oracional. En los siguientes ejemplos:

53. El cocinero disfrazado no llegó
54. El cocinero no llegó disfrazado

En este par de oraciones se altera el orden sintáctico, produciendo expresiones gramaticalmente correctas, pero que refieren a realidades diferentes en cada caso. Solamente quien posee competencia lingüística en español, puede comprenderla, pero no se trata de estructuras ambiguas. En cambio, en la expresión siguiente:

55. Juan está planeando su boda en un barco

Reconocemos dos significados diferentes para esta oración:
   – Que planea casarse en un barco.
   – Que se encuentra en un barco cuando planea casarse.
Si alteramos el orden de los elementos la oración deja de ser ambigua.

55. Juan está en un barco planeando su boda

Para Radelli, *la ambigüedad sintáctica con respecto a las lenguas naturales humanas en general, es un accidente, algo que pudiera perfectamente bien no darse nunca,* pero cuando una lengua posee recursos de orden o de forma que pueden producir estructuras sintácticamente ambiguas, la ambigüedad sintáctica no sería un hecho insignificante de la lengua sino más bien un rasgo exclusivo de dicha lengua. En otros ejemplos como:

57. María está pintando a Juan desnuda
58. María está pintando a Juan desnudo
59. Las invitadas están pintando a María desnudas
60. Las invitadas están pintando a María desnuda

En cada par de oración hay un cambio en la forma de la palabra "desnuda", ya sea género o número gramatical, lo que permite la percepción de diferentes realidades en cada caso. Hay otros ejemplos en los que la misma forma genera dos estructuras diferentes subyacentes y que refieren a significados distintos.

61. María está pintando a Juanita desnuda
62. Juan está pintando a Pedro desnudo

La ambigüedad se produce por la relación que se establece entre la palabra "desnuda" y el sujeto u objeto de la oración. Radelli considera que la percepción de la ambigüedad no se aprende, ni se trata de algún tipo de capacidad para interpretar los dos sentidos de una oración, sino que es una consecuencia directa de saber un idioma. En la siguiente oración:

63. Los muchachos de una ciudad quieren divertirse

Lo que causa la ambigüedad es la posibilidad de hacer referencia a una situación determinada o bien a algo indeterminado. Se puede interpretar que los muchachos de tal o cual ciudad quieren divertirse, o aludir a la necesidad de diversión que puede tener un joven de ciudad (en oposición a rural, por ejemplo).

Para aplicar esta prueba de competencia lingüística en personas sordas, hay que buscar una manera práctica de constatar si dicha persona percibe los dos significados; sin preguntarle directamente cuáles son. No se trata de comprobar si tienen conciencia de los fenómenos de la lengua (lo cual ya es una actividad diferente, de tipo reflexiva), sino de verificar si la persona puede percibir diferentes significados a partir de un mismo estímulo.

Bruna propone una forma adecuada para evaluar esto en niños, con muñecas y cochecitos grandes y pequeños. Entonces se les presenta la siguiente oración:

75. Dame las muñecas y los coches pequeños

El niño puede entregar todos los objetos (coches y muñecas) pequeños o solamente los coches pequeños y las muñecas pueden ser grandes. Cada una de las opciones muestra si posee la capacidad para hacer dos representaciones diferentes. También se les puede presentar la oración y ejecutar uno de los significados, para que el niño diga si lo que se está haciendo está bien o mal. Este tipo de actividades debe realizarse con sumo cuidado cuando se trabaja con niños sordos, pues ellos están muy atentos a la información visual y al contexto; además se sienten continuamente evaluados. Si, por ejemplo, el niño percibe solo uno de los significados, no se les debe mostrar inmediatamente el otro, pues puede pensar que el anterior estaba mal. Se recomienda volver a los ejemplos en otro momento, en contextos diferentes y retomar lo que previamente había interpretado; de esa forma se dará cuenta que de que las dos opciones son válidas y posibles. Otro ejemplo de oración ambigua que ofrece Radelli es el siguiente:

76. Todos los domingos llegan

Esta expresión puede indicar que es inevitable que el domingo llegue porque es un día de la semana y en nuestro calendario se repiten unas detrás de otras; o bien puede significar que algunas personas llegan todos los domingos a algún lugar. El siguiente ejemplo:

77. Pedro contestó estúpidamente

Es una oración ambigua, se puede entender que hubiera sido mejor que Pedro se quedara callado, o bien que aquello que respondió fue una estupidez. Para Radelli, lo que genera el juicio de agramaticalidad es la percepción de la carencia de estructura.

Para las personas sordas que no poseen competencia lingüística estos ejemplos significan un dilema cognitivo, presentan grandes dificultades para asignar significados a oraciones que violan la lógica natural de la realidad. El trabajo con absurdos en Logogenia es un desafío para ellos, pues al comienzo se niegan a aceptar este tipo de oraciones en algunas órdenes. Poco a poco comienzan a ejecutar órdenes absurdas con gran entusiasmo y de esta forma, empiezan a ser espectadores de un mundo irreal, imaginario y creado por el lenguaje. Este tipo de estrategias introducen a los niños sordos en el uso y la comprensión de la metáfora y del lenguaje literario.

<u>La metáfora</u>

Una tercera forma de evaluar la competencia lingüística es verificar la capacidad que posee una persona para comprender metáforas. En un ejemplo como:

78) Los mosquitos mataron a los insecticidas

Cualquier hablante de español interpreta esa oración sin importar que tenga o no sentido. Una estrategia interpretativa puede ser comprender la palabra "matar" en sentido metafórico es decir como aniquilar, derrotar, suprimir y, en ese contexto, se puede entender que los mosquitos hicieron que los insecticidas sean ineficaces. Otra estrategia puede ser imaginar un mundo hipotético, donde los objetos pueden morir. En la educación de las personas sordas, dice Radelli, es común escuchar que no comprenden las metáforas. En efecto, expresiones como las de los insecticidas y los mosquitos les crean un gran conflicto, porque si bien entienden los significados de las palabras y en algunos casos, perciben el significado de la oración, se niegan a interpretarla como tal, ya que interfiere con su visión lógica del mundo.

Para interpretar una metáfora es necesario alterar (o darse cuenta de que está alterado) el significado de una o varias palabras, inventando contextos ficticios donde ellas podrían adquirir otros significados. La capacidad de poder hacer esto es, según Radelli, una prueba de que dicha persona posee competencia lingüística. No se puede evitar la interpretación de una oración gramatical, ni simplemente descartarla porque nos resulte incomprensible. La interpretamos de igual forma y una de esas formas es darle un sentido metafórico.

La facultad de dar sentido metafórico a algunos enunciados es posible porque implícitamente reconocemos que existe una jerarquía en la arquitectura de las oraciones; donde los elementos no se combinan de manera lineal sino por relaciones nucleares. En esa jerarquía, importa reconocer que el significado sintáctico predomina por sobre el léxico porque es justamente en una oración donde se desambiguan las posibilidades de significar que tienen las palabras. Que una persona sorda comprenda esto es fundamental, porque así revertiríamos una conducta lingüística contraproducente, en muchos casos reforzada en la escolaridad. Los niños sordos se acostumbran a percibir palabras aisladas, a las que les otorgan un único significado almacenado en la memoria. Con el trabajo que hacemos en Logogenia, podemos lograr que el niño sordo no apele al significado léxico, sin antes haber leído toda la oración. Con este tipo de acciones estimulamos la construcción de una configuración sintáctica determinada; es allí donde el significado de la palabra almacenada entra en conflicto con la oración en la que aparece y se genera uno nuevo, compatible con la construcción sintáctica percibida.

7. El input visual: la escritura

En los inicios de la Logogenia se intentó utilizar la lectura labial como vía de acceso al español, pero se dieron cuenta de que los puntos y modos de articulación son diferentes en muchas palabras y por tanto este método no permitía la discriminación de las oposiciones que la persona sorda necesita percibir. La lectura, afirma Radelli, no solamente facilita la adquisición de la competencia lingüística, sino que además es una forma de subsanar parte del déficit de información sobre el mundo y la cultura que poseen las personas sordas. Es la llave de acceso al desarrollo lingüístico, pues si un niño sordo puede acceder sin problemas a la comprensión de los enunciados de una lengua, podrá leer con soltura y luego, cuando esta habilidad de automatice, podrá acceder a toda la información del mundo que se vehiculiza por medio de la escritura. Si la persona sorda llega a escribir y leer con soltura, podrá tener por este medio diálogos equivalentes a los que se dan en la oralidad, con un dominio pleno del lenguaje.

Todo el trabajo que se realiza en Logogenia se hace exclusivamente en lengua escrita, hay otras metodologías que también utilizan el registro escrito de una lengua, pero la diferencia está en que, en este caso, se usa la escritura como medio para desarrollar una lengua histórico vocal. El activador del proceso es la inmersión en la lengua y, aunque sabemos que es imposible ofrecerles el mismo estímulo que recibe un niño durante los tres primeros años de inmersión en la lengua oral, se intenta que el niño sordo esté expuesto a un concentrado de estímulos seleccionados, depurados y suficientes para activar esa capacidad biológica; que el niño oyente recibe todos los días de su vida con una enorme redundancia de datos. Se cuida la ortografía y la puntuación y se deja a un lado toda manifestación oral, de lectura labial o lengua de señas en las sesiones. El objetivo es adquirir una lengua a través de la misma lengua; si se usara la lengua de señas, lo estaríamos haciendo a través de otra lengua. Radelli considera que la situación ideal de las personas sordas es que sean bilingües pero que se adquiera cada lengua a través de la misma lengua y no a través de una traducción.

Bruna afirma que enseñar el español escrito a personas sordas a través de ejercicios, actividades y explicaciones produce resultados deficientes, porque de esta forma no se domina la sintaxis de la lengua. Efectivamente, la sintaxis de una lengua, como mecanismo combinatorio que otorga significado a las emisiones de los hablantes, no se puede enseñar ni es algo que se aprende; sino que es una facultad que se desarrolla naturalmente con la adquisición del lenguaje.

Cuando un niño oyente se escolariza ya posee competencia lingüística y lo que se enseña en la escuela es la reflexión sobre la lengua que ya posee. Un niño sordo que ingresa a la escuela, en la mayoría de los casos, no posee competencia lingüística -salvo que hubiera recibido un implante coclear y una rehabilitación exitosa a edad temprana, o haya adquirido la lengua de señas de manera natural- e inicia la escolaridad en una situación lingüística totalmente diferente que un niño oyente, de modo tal que debe aprender el código escrito sin poseer previamente competencia lingüística. Es aquí donde la Logogenia cumple su rol esencial.

La lengua escrita es, para Radelli, un sistema eficaz que permite poner a la persona sorda en contacto directo con el español.[17] Un

---

[17] En la pág. 377 de este artículo Radelli se expresa de la siguiente manera: *la lectura es un sistema de apoyo inigualable para reforzar el contacto del niño sordo con la lengua natural.* Yo prefiero decir que el contacto es con el español porque las personas sordas pueden tener como lengua natural la lengua de señas y en este caso

artículo de publicación póstuma es "La lingua orale e la lingua letta o escritta", publicada por Elisa Franchi y Debora Musola en 2011 en el Homenaje a Bruna Radelli, Venezia, Cafoscarina[18]. Realiza una diferencia entre la exposición a la voz y la exposición a la escritura. La primera tiene lugar en los primeros años de vida y existe un límite en la edad de adquisición, mientras que el ingreso a la lengua escrita es más tardío y se podría suponer que a través de esta vía, la lengua se puede adquirir también desde una edad más avanzada, y por medio de un canal alternativo.

A través de la voz, afirma Bruna, recibimos una enorme cantidad de información, además de la exclusivamente lingüística, cadencias de diferentes regiones, el género de quien está hablando, la edad, el tono, las intenciones comunicativas, entre otras. Son transmitidas por rasgos concretos y distintivos en la oralidad. Un niño oyente tiene acceso a todo esto cuando adquiere su lengua materna. Sin embargo, se podría pensar que para saber una lengua hay aspectos más relevantes que la información citada anteriormente y una buena idea sería indagar en lo que hay de regular y común. La experiencia concreta de escuchar la lengua es diferente para cada niño y, sin embargo, llegan a saber el mismo idioma.

Radelli traslada las preguntas planteadas con Noam Chomsky (1988) acerca de la pobreza del estímulo, a la situación de los niños sordos y se pregunta sobre cuántas y cuáles podrían ser las informaciones mínimas necesarias y suficientes para desencadenar el proceso de adquisición del lenguaje. La logogenia toma dos supuestos de la gramática generativa como base de la metodología:

---

la afirmación puede generar controversias ya que de ningún modo se puede pensar que a través de la lectura se puede acceder a la lengua de señas.

[18] La traducción fue realizada por Alicia Pardo Meléndez, logopeda y logogenista de Barcelona. Fundadora de *Logogenia Cataluña* y la primera persona que adaptó el método para ser usado en catalán.

a) La lengua no es una convención o un código a "aprender", aunque "aprender" sea una facultad innata, una característica biológica de la especie humana.

b) El lenguaje se "adquiere" y se desarrolla naturalmente en presencia de determinadas condiciones ambientales y durante un período crítico.

Cada idioma se construye a partir de elementos mínimos que constituyen su sistema fonológico, estos son unidades discretas, distinguibles por uno o más rasgos que se combinan para dar lugar a unidades significantes, las palabras. Pueden ser moduladas de manera diferente por cada persona, haciéndolas reconocibles e identificables. Todas las lenguas orales se construyen gracias a la agrupación de estos pocos sonidos.Un niño con audición normal oye estos sonidos, sin sentido, aglutinados en palabras y luego en frases que poseen información con significado, pero si un niño es sordo no los percibe, pierde esta información.

Radelli propone en este artículo que el niño reconozca las oposiciones fonológicas detectando diferencias graficas por medio del alfabeto. *Los sonidos de las lenguas son como piezas de Lego, que por sí solas no significan nada, pero ensambladas producen superficies lisas o rugosas, cúbicas, sólidas de diferentes formas y tamaños, escaleras, curvas; el ensamblaje de estos nuevos elementos a su vez da lugar a la construcción de paredes, techos, pisos, edificios, estaciones, trenes, coches, figuras humanas y así sucesivamente.*

En Logogenia se advierte de la extrema dificultad para poner a disposición de los niños sordos los sonidos del lenguaje y se plantea la cuestión de si forzosamente es necesario tomar en cuenta el sonido o si se los podría poner frente a unidades mínimas, pero gráficas (las letras del alfabeto y los signos de puntuación). Hay situaciones en la lengua oral que se presentan ambiguas si se perciben diferentes acentos que alteran la segmentación, pero en la escritura la percepción es más precisa. Sucede por ejemplo en este par de oraciones:

Este turrón está hablando.
Este turrón está blando.[19]

Radelli expresa que, si la información sintáctica pasa a través de la lectura, del mismo modo que pasaría a través de la voz, el paso siguiente sería automático: si fuera posible proporcionar un input escrito a los sordos en lugar del oral, tendrían acceso al input necesario y suficiente para la adquisición de la lengua sin tener que hacer uso de la audición. *Es una pregunta que no se puede responder de forma teórica: hay razones teóricas que la excluyen, entonces es necesario hacer la hipótesis de que es posible y comprobarlo de forma empírica*, afirma Bruna.

La exposición a la dimensión gráfica del lenguaje comienza con niños en edad escolar, apenas comienzan a leer. Leer, es decir comprender; no escribir, es decir, producir. La escritura es una etapa posterior. Esta secuencia refleja tanto la situación de los niños con audición normal como la de los niños sordos. Una hipótesis posible es que los niños sordos pueden adquirir una lengua histórico-vocal en una edad posterior a la normal y a través del sistema visual porque este, que es independiente de la sordera, normalmente se desarrolla al nacer. La Logogenia, en lugar de tomar el camino que no se ha desarrollado normalmente, explota otro que ha sido construido para otros fines.

Las condiciones de exposición a la lengua para los niños sordos a través de la lectura son técnicamente complejas porque no es posible en los primeros años de vida, cuando en el niño no se han desarrollado aún las capacidades cognitivas adecuadas; la duración de la inmersión, por otro lado, es incomparable en los dos casos: el niño con audición normal se encuentra inmerso en la lengua muchas horas al día, todos los días, desde el nacimiento, gracias a la escucha de muchas personas diferentes; el niño sordo tiene el acceso a la intervención de Logogenia durante tres horas a

---

[19] Pinker, Steven, op. cit.

la semana aproximadamente, y es una intervención especializada y totalmente diferente al uso de la escritura que se hace, por ejemplo, en la escuela.

Radelli señala tres ventajas de exponer al niño a la adquisición de la lengua a través de la escritura.

- Se ofrecen ya segmentadas. El niño con audición normal, en cambio, debe encontrar las palabras porque lo que le llega es un flujo continuo de sonidos a partir del cual llegará a reconocer las palabras como unidades segmentadas, es decir, separadas entre ellas, cada una con su propio significado.
- La permanencia y estabilidad del estímulo: una frase escrita permanece bajo los ojos, estable, durante el tiempo que quieras, mientras que la frase oída desaparece inmediatamente.
- La confrontación entre dos frases: en la dimensión acústica puedo pronunciar dos frases en secuencia, pero no puedo conservar las dos en un mismo instante. En el caso de la escritura, sin embargo, las frases pueden coexistir, se pueden observar al mismo tiempo, dos (o más) durante el tiempo que se desee.

Un punto para considerar son las funciones que tiene la lectura en el ámbito de la Logogenia. La lectura para el niño sordo corresponde a la fase de comprensión del lenguaje mientras que la fase en la que comienza a escribir corresponde a la producción. Estas dos fases no son simultáneas: la comprensión tiene lugar mucho antes de la producción y no hay razón para forzar la producción para que sea simultánea a la comprensión. El niño que hace Logogenia, al principio se limita a leer y solo después comienza a escribir, impartiendo a su vez órdenes, respondiendo preguntas simples y luego participando en diálogos. La producción escrita espontánea es la culminación de la intervención. *Hay que señalar que es necesario diferenciar la capacidad de leer y escribir, del dominio del idioma. La Logogenia considera lo escrito como una manifestación independiente de la primera lengua del niño sordo, de la que se convertirá en su lengua materna y debe, por tanto, adquirir primero la lengua escrita y luego, eventualmente aprender a convertirla en lengua hablada.*

Como hipótesis de partida señala Radelli que no se debe imitar los mecanismos, las técnicas y los métodos de aprendizaje de la lectura y la escritura aptos para los normoyentes, sino que nos limitaremos a implementar el método de la Logogenia: impartir pares mínimos, y órdenes escritas para resaltar las diferencias gráficas y conseguir su ejecución. Para la escritura en cambio, que requiere de la maduración de la habilidad motriz, es posible que las técnicas utilizadas por los normoyentes puedan adaptarse provechosamente para los niños sordos. A partir de estas observaciones, sólo se puede concluir que la adquisición de la lengua escrita por el niño sordo necesita de un procedimiento ad hoc, nuevo y diferente, y cuanto más "simple", será mejor.

La meta del trabajo con Logogenia es la adquisición de una lengua, no mediante la modalidad oral sino mediante la modalidad de la lectura y la escritura. Esto llevará a niño sordo a la plena de comprensión de cualquier texto escrito y una inmersión en el lenguaje plena y rica, capaz de compensar la brevedad de la intervención y todas sus lagunas; no sólo léxicas, sino también las relacionadas con maneras de decir, diferencias de registro, y cómo utilizar el lenguaje. La adquisición de una lengua escrita da a los niños sordos autonomía, tanto para la comprensión de la información como para la comunicación; la persona sorda que sabe leer y escribir comprende completamente el texto y no dependerá más de los intermediarios más o menos voluntariosos que le rodean.

8. La situación de las personas sordas frente
   a la lengua

Un día los sordos llegaron a mi vida profesional, expresó Radelli para justificar su paso de la Lingüística teórica a la Lingüística aplicada. Ella misma aclara que no los buscó y que hasta se resistió a trabajar en este ámbito, supongo que lo dijo a raíz de lo conflictivo que es ese espacio educativo-terapéutico. Se sorprendió cuando conoció ese mundo y le llamó la atención que muchos de los que rehabilitan el lenguaje de las personas sordas poseen ideas y conocimientos muy vagos e imprecisos sobre la naturaleza del lenguaje y, por ende, de las razones y consecuencia de la falta de adquisición. Valoró el esfuerzo y dedicación que tienen con sus niños y señaló la frustración que padecen al no obtener los logros esperados.

Radelli insta a los investigadores de Lingüística Generativa a que se acerquen a cuestiones concretas y aplicadas sobre adquisición y desarrollo del lenguaje en las escuelas, pues el contacto con esa realidad, en especial con situaciones alternativas a las de desarrollo típico, sería una gran base de datos para resolver problemas teóricos y encontrar soluciones a las grandes dificultades que presentan las personas sordas o con otras deficiencias lingüísticas.

Hace una distinción entre los objetivos teóricos y prácticos de la lengua de señas y de la educación bilingüe y, dada la posibilidad de que los niños sordos pudieran adquirir dos lenguas naturales, es importante que sea la lengua de sus padres, de la familia y de los libros y periódicos. Como planteo ideal de que toda la sociedad domine la lengua de señas para mejorar la comunicación con las personas sordas a Bruna le parece un propósito excelente, pero que lamentablemente solo se da en lo ideal y es necesario que existan actitudes responsables para la concreción de estos objetivos en el mundo real. Exigir a toda la sociedad que aprendan la Lengua de

Signos puede resultar utópico, pues para los oyentes ésta sería una lengua extranjera y la realidad cotidiana muestra que no es tan fácil lograr que toda la sociedad adquiera competencia lingüística en una lengua extranjera.

Radelli no cuestiona la adquisición de la lengua signos[20] ni deja de apreciarla como una verdadera lengua, sino que simplemente insiste en que si existe una posibilidad de que la persona sorda pueda adquirir una lengua como el español, junto con ello podrá acceder a toda la información del mundo, de la cultura y de la sociedad que está depositada en la escritura. Además, ratifica el deseo de la comunidad sorda de ser bilingües, pero aclara que eso sería un objetivo excelente siempre y cuando en la práctica real y concreta se pudiera lograr de manera exitosa. Incluso, desde el punto de vista pragmático, los programas que proponen que los niños adquieran primero la lengua de signos para luego facilitar la adquisición de la lengua oral no dan los resultados previstos porque no son entornos verdaderamente bilingües; los niños sordos, hijos de padres sordos, son los únicos que tienen una experiencia de adquisición natural y de ninguna manera esta experiencia puede ser llevada a la escolarización obteniéndose iguales resultados.

La heterogeneidad lingüística y social de la comunidad sorda es un tema que se resiste a cualquier criterio de clasificación. No hay un individuo sordo que sea lingüísticamente igual que otro. Algunos hablan y oyen con prótesis auditivas, otros hablan, pero no oyen y leen los labios, otros no hablan y usan señas y, entre cada una de estas variantes hay muchas individualidades que dan cuenta de que la situación lingüística que genera la sordera no es algo uniforme, sino que está sujeta a variables de diferente naturaleza —biológicas, sociales, culturales, cognitivas-. Radelli se sorprendió ante esta evidente diversidad y propuso categorizar a

---

[20] Considera interesante investigar la cuestión de los significados sintácticos en las lenguas de signos porque seguramente esta lengua debe poseer mecanismos específicos para ello, ya que se trata de lenguas naturales.

las personas sordas en dos grandes bloques:

- Los que han adquirido el lenguaje.
- Los que no han adquirido el lenguaje.

Ambos grupos presentan realidades diferentes y quienes no han podido adquirir el lenguaje son los que están en graves problemas frente a cualquier estrategia que no se proponga como eje central que lo adquieran.

Hay que ubicarse en el paradigma lingüístico generativo para comprender la afirmación de Radelli. Chomsky no plantea esta distinción en los términos que nosotros utilizamos para hacer alusión a dos conceptos diferentes: el idioma y la capacidad humana. Entonces interpretaremos lo que Bruna refiere como:

a. Los que han adquirido una lengua histórico-oral.
b. Los que no han adquirido una lengua histórico-oral.

Esta distinción es necesaria porque hay personas sordas que sí han adquirido un lenguaje no oral -lengua de señas- y por tanto no podemos afirmar de ellas que no han adquirido un lenguaje -otra vez aquí estoy usando el término lenguaje en sentido chomskiano, es decir sin hacer la distinción entre lenguaje y lengua-.
Luego Radelli planteará esta misma clasificación como:

- Los que saben español.
- Los que no saben español.

Constatar esto es, para Bruna, el primer paso hacia la solución de un problema que pasa desapercibido en la escuelas - hasta se lo ha ignorado- y pone a los estudiantes con sordera en desventaja frente a sus compañeros. Los que quedaron sordos, pero nacieron oyentes no presentan las mismas dificultades lingüísticas que aquellos que nacieron sordos. Muchas personas sordas poslingüísticas poseen competencia lingüística porque adquirieron la lengua de manera natural, antes de perder la audición. En cambio, son pocos los sordos prelingüísticos que llegan a desarrollar una competencia lingüística en una lengua histórico-vocal; con mucho esfuerzo -también de sus maestros- logran aprender palabras, frases y oraciones, pero no por ello se puede decir que posean competencia lingüística, sí tienen competencia comunicativa, pero como la tiene un extranjero que solo sabe algunas palabras y las usa para comunicarse. Sin embargo, en todo el mundo existen personas sordas prelingüísticas con competencia lingüística en español u otra lengua histórico-vocal desarrollada mediante distintos recursos (lectura labial, audífonos, enseñanza de la lengua).

Una persona sorda posee competencia lingüística cuando puede reconocer los dos significados de las oraciones de los siguientes pares:

79. El cuaderno esconde el libro
80.El libro esconde el cuaderno

81. Quiero una pluma y un lápiz rojo
82. Quiero una pluma y un lápiz rojos

83. Compra la nueva
84. Cómprala nueva

85. Llegó con el propietario y el director de la fábrica
86. Llegó con el propietario y director de la fábrica

87. # Ana está fotografiando a María toda despeinada
88. * Ana está fotografiando a María toda despeinadas

Para cada par de oraciones se presentan señales que indican un contraste, son elementos que aportan significación sintáctica. Si una persona sorda no las percibe, no posee competencia lingüística, aunque su competencia comunicativa sea eficaz.

9. El método Logogenia

La Logogenia no pretende reemplazar a la Logopedia, pues no es el objetivo desarrollar su habla; tampoco excluye a la lengua de señas, a la que considera importante porque facilita la comunicación y el desarrollo intelectual. Pero sí se contrapone con aquellos métodos que enseñan a los niños sordos la lengua escrita por medio de explicaciones, ejercicios o a través el estudio explícito de la gramática. Estos deben dejarse para el período escolar, una vez que el niño sordo haya adquirido plenamente la Lengua de la manera más cercana posible a cómo adquieren la lengua oral los niños que oyen.

Para Bruna, todo método de enseñanza de la lengua en las personas sordas que no alcance el objetivo de lograr la competencia lingüística es inadecuado e insuficiente, porque no los llevan por el camino de la autonomía. En efecto, el método Logogenia se ha desarrollado a partir de la observación de que muchas personas sordas han logrado un buen dominio de términos gramaticales y utilizando correctamente palabras como si fueran etiquetas y de manera aislada, pero esas mismas personas son incapaces de percibir la información lingüística generada por las estructuras de las oraciones. Para Radelli, insistir en el entrenamiento del lenguaje con prácticas memorísticas o mecánicas, no solamente impide el desarrollo de la competencia lingüística, sino que además la obstaculiza. La Logogenia como *método de trabajo que se propone que los niños sordos adquieran el español (o cualquier otra lengua oral) ha sido elaborado tomando en consideración tanto la especificidad lingüística del input necesario como la situación de a la sordera.*

Radelli expresa que el objetivo de la logogenia es *que los niños sordos alcancen una competencia lingüística en la lengua escrita, análoga a la que tienen los oyentes con respecto a la lengua oral y que puedan leer y entender de manera autónoma -o sea sin necesidad alguna de ayuda externa- cualquier texto escrito; del mismo modo que los oyentes escuchan y entienden la lengua* oral.

Cómo se trabaja la Logogenia

Un primer requisito del trabajo con Logogenia es el control minucioso y constante de la comprensión, es inútil leer si no hay comprensión pues se puede hacer un uso mecánico de la lectura, pero sin entenderla. Este control tiene un doble objetivo: el primero es para guiar el logogenista en el desempeño de su trabajo, el segundo - y muy importante – es ofrecer al niño la información de que entiende o, más bien, la información de que no entiende.

Radelli habla de "catalizadores" en el trabajo con el niño sordo. El primero es la presentación de estructuras gramaticales y agramaticales para que el niño construya la lengua dentro de sus límites gramaticales. El segundo "catalizador" que facilita el proceso de adquisición del idioma es poner en evidencia explícita el fenómeno de la ambigüedad sintáctica. Esto, a diferencia de la agramaticalidad que es necesaria e inherente a cualquier idioma, es un accidente superficial, sin embargo, muy útil para acceder a la prueba inmediata de la fuerza informativa de las estructuras de los idiomas.

Radelli hace hincapié en que los niños sordos, al no poder escuchar, carecen de esa inmersión lingüística natural y considera que este hecho no puede reemplazarse por una enseñanza explícita (que es lo que se realiza en los métodos tradicionales de rehabilitación), porque no se puede aprender a percibir la lengua, de la misma manera que no se aprende a percibir los colores; la única posibilidad de desarrollo es estar expuestos a la lengua (o a los colores) para que se active dicha facultad.

Para Radelli, la Logogenia es Gramática Generativa aplicada a la atención de niños sordos y los procedimientos de trabajo con esta metodología han sido diseñados en consonancia con dicha teoría lingüística. No se utilizan términos gramaticales, ni se enseña de manera formal y explícita la Gramática; esto podría tener lugar más adelante, después que el niño sordo haya adquirido competencia lingüística.

Considera que la edad adecuada para trabajar Logogenia con un niño sordo es a los 6 o 7 años, cuando inician la escolaridad, cuando poseen la madurez cognitiva necesaria para leer. Aunque Radelli afirma que hacerlo antes de esa edad no ofrece ninguna ayuda, la Dra. Mariana Pool Westgaard en su ponencia *La logogenia tempranera. ¿Cómo y por qué?*[21] considera que se puede comenzar con niños más pequeños. En un comienzo se consideró como criterios para aplicar Logogenia que el niño pudiera mantener atención sostenida durante el tiempo que dure la sesión y que la edad de 6 años es la que se ha aceptado universalmente como la indicada para iniciar los procesos de la lectura y la escritura, pero Pool afirma que es necesario que el niño sordo sea expuesto lo más pronto posible a la Logogenia por la urgencia que tienen de disparar su proceso de adquisición lingüística. Hay niños oyentes que leen desde muy pequeños y, por tanto, se podría pensar que un niño sordo también podría hacerlo. Señala que los niños preescolares atraviesan varias etapas iniciales y previas a la situación de "estar listos para leer" y una de ellas es que, antes de llegar a la conciencia fonológica, los niños no identifican palabras aisladas, sino que suelen dividir las oraciones en constituyentes mayores como:

Esas niñas / están jugando / a las escondidas.

---

[21] Ponencia presentada en el II Congreso Internacional de Logogenia. Museo de Antropología de México, septiembre de 2006.

Este dato es interesante para los que trabajamos con Logogenia pues los niños que oyen perciben auditivamente dichos constituyentes a través de las pausas en los elementos suprasegmentales de las expresiones orales; cada constituyente posee una palabra nuclear que es la que recibe el acento más fuerte. Los niños sordos no desarrollan esta capacidad y cuando oyen con audífonos o implantes cocleares (si no han habilitado su lenguaje con terapias específicas) perciben una sola secuencia de palabras sin identificar los constituyentes, de modo que cuando entran a la escolaridad tampoco los perciben en la lengua escrita y muchos llegan a terminar los estudios primarios en estas condiciones, o solamente identificando palabras aisladas. Logogenia permite que los niños preescolares se den cuenta de que a través de las órdenes que se presentan en tarjetas y sus movimientos, las oraciones poseen bloques de palabras que se mueven o se reemplazan de acuerdo con las reglas del idioma. Aunque los beneficios de trabajar este método en niños sordos pequeños no son iguales a cuando el niño ya ha sido alfabetizado, Pool Westgaard considera que vale la pena hacerlo, pues ejercita su atención en el código escrito y comienza a tomar conciencia de que la escritura significa algo.

Logogenia no se trabaja en grupos ni se aplica de manera colectiva; el proceso de desarrollo lingüístico debe ser individual. No es necesario eliminar lo que se realiza en las otras terapias que buscan un desarrollo comunicativo e intelectual en estos niños porque el propósito de este método es concreto: que el niño sordo sepa el español.

Para aprender a trabajar con el método, Radelli expresa que no es suficiente comprender la teoría que lo fundamenta, sino que además es necesario realizar un taller de formación, en situación real con los niños.

El niño sordo puede aprender a leer y lo que se busca es que realice una inmersión en la lengua escrita, del mismo modo que lo hace un oyente con la lengua oral. Se trata de un proceso artificial para habilitar una capacidad natural y por tanto se cambia el input auditivo (canal natural del lenguaje) por el visual, se limita el tiempo de exposición (un niño oyente está expuesto siempre al estímulo), se comienza a edades más avanzadas que un niño que oye, además, la lengua escrita no presenta la misma espontaneidad que la exposición oral.

Radelli diseña el método buscando la manera de compensar dicho empobrecimiento y que ofrezca un estímulo lo más compacto, eficaz y preciso como sea posible. No se debe perder de vista que los objetivos del método son:

- Obtener que el niño sordo sepa español como lo sabe cualquier niño oyente, aún analfabeto y no particularmente instruido e inteligente.
- Llevar al niño sordo a leer y entender de manera autónoma la lengua escrita, tal como comprende un niño oyente la lengua oral.

El primer instrumento de trabajo es el llamado par mínimo y consiste en un par de oraciones escritas completas, cortas y gramaticales, que difieren entre sí por un solo detalle. El pilar de todo el sistema es mostrar el contraste entre los dos significados del par de oraciones y poner en evidencia el elemento que lo provoca. El par mínimo es la unidad de trabajo de la metodología. El método busca que el niño ejecute las acciones que se presentan, relacionando cada oración del par mínimo con la ejecución que le corresponde. Es necesario que el niño perciba que cada oración presenta dos significados diferentes, no por las palabras que las contienen, sino sobre todo por la estructura y los elementos gramaticales que en ella aparecen.

En una primera etapa, las oraciones no se escriben todas enteras en una hoja, sino que se ensamblan utilizando papeles sueltos donde se escribe cada palabra de la oración[22], luego se intercambian de lugar los papeles o se sustituyen para poner en evidencia el contraste pertinente.

Se trabaja con una tercera persona que también ejecuta las acciones sin leerlas en voz alta, y sin mover los labios; de manera natural y sin énfasis alguno. El niño percibe que todos realizan las mismas acciones frente a las oraciones presentadas y por lo tanto ellas contienen información intrínseca, independiente de quien la lee. Sólo cambia esta situación en presencia de deícticos (tócate la nariz, tócame la nariz, yo levanto la silla, tu levantas la silla, nosotros levantamos la silla). Lo que se busca es que el niño observe lo que hace la otra persona y luego él realiza lo mismo, poco a poco se lo insta a resolver solo y cada vez acudiendo menos al modelado por otra persona.

El trabajo con órdenes tiene como objetivo que se pueda controlar que comprenda correctamente a través de la ejecución que realiza el niño, esto no solamente es útil para el profesional, sino también para el mismo niño, porque de esta forma se puede dar cuenta de por qué no ha entendido, sin recurrir a explicaciones que son contraproducentes.

Se debe trabajar en forma veloz y repetidamente, variando constantemente las secuencias para evitar que el niño las aprenda en forma mecánica y memorística. Esto, que Radelli considera como una primera etapa de trabajo, se logra con una rapidez sorprendente.

---

[22] Cuando Radelli comenzó a desarrollar el método escribía oraciones en tiras de papel, y luego la cortaba en sintagmas o en palabras. Posteriormente modificó esto para utilizar siempre papeles diferentes donde se van escribiendo palabras a medida que surgen los conflictos lingüísticos en cada sesión.

No se debe dar solo órdenes razonables, es decir que tengan utilidad real, porque lo que interesa es que el niño interprete oraciones en abstracto y de esta forma perciba que la lengua no solo sirve para comunicar, sino que, a través de ella, se pueden decir cosas razonables, absurdas, lógicas e ilógicas, hasta imposibles en el mundo real; siempre cuidando que lo que se pida, sea posible de ser ejecutado. Además de solicitar órdenes ejecutables (no se le puede pedir al niño que ponga el escritorio en su bolsillo; a menos que se esté trabajando con muebles de juguete y pequeños), hay que prestar atención en cada palabra que se utilice como estímulo (puedo pedir a un niño que ponga mucho o poco azúcar, pero no demasiada azúcar pues no hay manera de evaluar qué entendió por *demasiado*, que es un juicio acerca de la cantidad y no una cantidad determinada). Con el mismo criterio, pedir que dibuje una niña bella es difícil de observar qué interpretación realiza el niño para expresar su concepto de belleza, y sumado a ello tener la capacidad para dibujarla.

Así como se les pide a los niños sordos que ejecuten órdenes, también es útil solicitarles que ellos las emitan; esto no solo les da autonomía y poder sobre sus emisiones, pues pueden observar a los demás ejecutarlas, sino que en cierta forma ellos comienzan a emitir sus producciones lingüísticas de manera autónoma y el logogenista puede evaluarlas.

Al comienzo de la terapia conviene usar el léxico conocido por el niño, pues no se pretende que acreciente su vocabulario, sino que registre las palabras funcionales y los contrastes que estas producen en las oraciones. Luego, poco a poco, se van incorporando palabras nuevas y, en una etapa más avanzada, cuando se trabaje con diálogos y se utilicen libros, podrá entender nuevas palabras a través de otras ya conocidas.

Un contraste que se utiliza a menudo en Logogenia es la oposición gramaticalidad/ agramaticalidad. El objetivo es que el niño, lo más pronto posible, conozca los límites del idioma, pues ello le permitirá ir elaborando su sistema lingüístico con las reglas del idioma que está utilizando. Radelli propone el uso de un asterisco para indicar la agramaticalidad (como se usa en Gramática Generativa). Solo se señala, no se explica por qué la palabra o la oración es así y no de otra manera. El paso a la comprensión de ambigüedades es más tardío

Los tipos de oposiciones que se utilizan en Logogenia son los siguientes:
- Significados diferentes en relación con palabras diferentes.[23]
- Significados introducidos por contrastes entre diferentes posiciones de la palabra en la oración.
- Significados introducidos en la oración por medio del contraste entre formas diferentes de una misma palabra.
- Significados introducidos por contraste entre elementos de entonación y puntuación.
- Significados introducidos por la presencia o ausencia de un elemento.
- Significados dados por el contraste entre oraciones gramaticales y agramaticales.
- Significado establecido por el contraste entre dos significados de una misma secuencia, es decir, de una oración sintácticamente ambigua.

Todas estas órdenes deben presentarse de manera desordenada; ofrecer un programa ordenado y secuenciado no cumple el propósito del método pues en el mundo real esto no sucede con los estímulos orales.

Un segundo instrumento de trabajo tiene como objetivo estimular el uso creativo de la lengua. En esta etapa se escriben

---

[23] Este tipo de par mínimo más adelante será desdoblado en dos: uno para sustitución de palabras léxicas y el otro para palabras gramaticales.

cosas acercas de otras cosas, descripciones, adivinanzas y se hacen preguntas sobre lo que se escribió previamente para que el niño responda en forma gramatical. También se escriben cuentos cortos y extravagantes en forma conjunta con el niño. Se debe trabajar en forma dinámica, generando situaciones de interés y evitando todo trabajo mecánico o escolar que lleve a la perdida de interés por parte del niño sordo. En todas las clases se introduce un diálogo natural y espontáneo, con interés real para el niño, equivalente a una conversación agradable en lengua oral.

El desarrollo de la competencia lingüística se completa luego con la lectura de textos, pues allí encontrara más información, del mismo modo que un oyente la encuentra en la lengua oral. Cuando comience a leer de manera autónoma adquirirá interés por la lectura y enfrentará las etapas siguientes de su desarrollo lingüístico y cognitivo.

El niño debe leer sin articular palabras con la boca pues éste es un esfuerzo inútil y dispersivo que distrae la atención hacia aspectos que no tienen nada que ver con la sintaxis.

No se debe corregir siempre y todos los errores porque el niño necesita observar un dato lingüístico por vez, además que esa práctica quita fluidez y espontaneidad al diálogo.

Para no generar dependencia, es productivo que el niño interactúe en forma escrita con otras personas y no solo con el maestro, de esta forma percibirá que la lengua posee autonomía y puede utilizarse con otros fines, además de los comunicativos e interpersonales.

Es preciso saber utilizar bien la metodología para no hacerle perder al niño un tiempo valioso. Si no se ha comprendido el objetivo se corre el riesgo de realizar una práctica mecánica e inútil.

10. La formación de logogenistas

La sorpresiva experiencia de Radelli en el ámbito de los sordos le permitió reflexionar sobre qué formación sería necesaria realizar en estos espacios. Como lingüista, consideró que su saber podía ser útil para mejorar la situación de las personas sordas y puso su conocimiento al servicio de las experiencias cotidianas de profesionales y de personas sordas. De esta interacción de saberes nació el método.

Para Radelli era necesario actualizar los conocimientos teóricos de los que trabajan con estos niños, pero sin que fuera necesario que se transformen en lingüistas, con ofrecerles *un minucioso entrenamiento para ver y reconocer las evidencias más impactantes de algunos fenómenos básicos del lenguaje y evaluar el significado y las consecuencias de estos fenómenos en función de su problema específico*, es suficiente. La principal razón por la que estos niños obtienen tan bajo rendimiento lingüístico es porque la mayoría de los profesionales ponen casi todo el esfuerzo terapéutico en el desarrollo de la competencia comunicativa.

La formación en Logogenia se logra con el cursado de un taller para aprender las estrategias del método y le permite al maestro aprender a eliminar cualquier gesto, seña o habla durante la sesión. El niño debe entender que la oración escrita por sí sola es suficiente.

Radelli insiste en la responsabilidad de formar logogenistas de calidad porque para aplicar el método deben comprender que existen consideraciones que deben respetarse si se pretende lograr resultados exitosos:

- El trabajo no puede ser mecánico ni enseñado en abstracto. Se trabaja de manera fluida y con diálogo natural, el objetivo es que el niño se dé cuenta de que no se trata de un intercambio de información, sino que se debe expresar gramaticalmente. El foco de atención está en los aspectos sintácticos y formales y no en el contenido de los diálogos.

– Las órdenes no deben tener ninguna utilidad práctica y hay que evitar toda intromisión de factores extralingüísticos en la interpretación de la oración, centrando toda la atención en la información sintáctica contenida en ella.

– Si el niño no comprendió la acción es ejecutada por otra persona.

– La oposición gramaticalidad /agramaticalidad es, para Radelli, la reina de las oposiciones. Sin embargo, hay que tener cuidado de que el niño no confunda este concepto con las nociones bien/mal, correcto/incorrecto, verdadero/falso; pues estas tienen que ver con el contenido que transmite la oración y no con su forma, que es lo que interesa a la Logogenia.

– La comprensión es anterior a la producción. Radelli afirma que no tenemos elementos para establecer exactamente cómo es el proceso de desarrollo de la producción ni qué necesitan para desarrollarla. No se realiza un trabajo secuenciado, en el sentido de menor a mayor dificultad, porque la adquisición natural de una lengua oral tampoco lo es.

– Toda la primera etapa de trabajo debe estar destinada a la comprensión de oraciones y preguntas, la producción surge en un segundo momento.

– La sesión ideal de logogenia debe ser una hora diaria e individual, ajustada al recorrido personal de cada niño. Con un año escolar de trabajo se pueden obtener resultados importantes.

– Se puede hacer logogenia desde que los niños comienzan a leer (mucho antes de comenzar a escribir) hasta terminar los estudios primarios, o un poco más. En el caso de adolescentes y adultos nos encontramos con un punto de partida diferente, pues su competencia lingüística se presenta fragmentada, o como la denomina Bruna, "manchas de leopardo".

- Nunca podemos estar seguros cuándo le ofreceremos al niño sordo la totalidad de las estructuras de la lengua, por esa razón hay que dirigirlo hacia la lectura de texto y allí, naturalmente se irá completando el proceso.
- No se debe usar palabras gramaticales.
- No se debe enseñar gramática.

Los logogenistas deben proponerse que los niños sordos logren con la lengua escrita lo que los oyentes hacen con la lengua oral. Comprender oraciones desligadas del contexto -aunque contradigan la experiencia de mundo- es algo natural en un oyente y es lo que se pretende que el niño sordo realice con la lengua escrita.

Después de Bruna

Estado actual de la Logogenia
en el mundo

A casi treinta años de que Bruna Radelli comenzó con las investigaciones que dieron lugar al método, se ha experimentado sobre su aplicación en diferentes países, se escribieron artículos y se realizaron investigaciones que enriquecieron la propuesta original. El objetivo de esta segunda parte es presentar el estado actual de la Logogenia en las regiones donde se la aplica, reflexionar sobre los avances y propuestas que surgieron en su desarrollo y proponer nuevos argumentos para su validación.

Ya vimos que el método nació en México y paralelamente se desarrolló en Italia. En la actualidad el Colegio de Logogenistas A.C.[24] es el organismo creado por la Dra. Bruna Radelli para acreditar y avalar la formación de logogenistas de habla hispana. Esta institución está presidida por la Lic. Maricela Velasco Martínez y la integran representantes de otras instituciones de México, Argentina (Dra. Patricia Salas, España (Extremadura, Mag. Gema Vidal Matosas y Cataluña, Logp. Alicia Pardo Meléndez) Baleares, Mg. Tamara Atán) y Perú (Lic. Clara Elena Alva), entre otras. En su estatuto, se dispone que todas aquellas personas interesadas en formar logogenistas en su región deben ser parte de algún organismo local con personería jurídica que solicite al Colegio su participación. El objetivo es que niños, jóvenes y adultos con sordera de diferentes lugares del mundo,

---

[24] Registro público de propiedad de comercio 6700806. Notaria N°98. México.

tengan la posibilidad de adquirir y desarrollar su competencia lingüística a través de esta metodología. Hay otras instituciones de reconocido prestigio que no son parte del mencionado colegio, pero que fueron creadas bajo los mismos principios rectores y realizan actividades de formación, aplicación y difusión. Tales son el caso de La Cooperativa Logogenia On Lus [25]; creada por Bruna Radelli y presidida actualmente por las Dras. Eleonora Bortolazzo y Débora Musola, presidente y vicepresidente respectivamente. Y la Fundación Dime Colombia, creada por la Mag. Eliana Fernández Botero.[26]

En Argentina, se conformó un equipo nacional de profesionales dirigidos por la Dra. Salas para articular todas las acciones vinculadas con la metodología que se realizan en el país. Los integrantes son:

Lic. Agustín Alonso Crespo
Lic. Violeta Benué
Prof. Georgina Bordino
Prof. Lucía Cruceño
Prof. Verónica Ghelfi
Lic. Irma Gisbert
Prof. Cristina Gómez
Mag. Valeria Gómez
Dra Virginia Hael
Prof. Gabriela Ponce
Lic. Silvia Vidal

La formación en Logogenia

Haber capacitado tantos años con el método Logogenia a profesionales de la educación y de la salud en Argentina y en otros países de habla hispana, me llevó a reflexionar constantemente acerca de sus fundamentos y al análisis de las experiencias de trabajo en los diferentes espacios.

---

[25] http://www.logogenia.it/il-metodo-logogeniareg.html

[26] https://dimecolombia.org/

Radelli expresaba que era necesario actualizar los conocimientos teóricos de los maestros, pero sin que fuera necesario transformarlos en lingüistas; con ofrecerles *un minucioso entrenamiento para ver y reconocer las evidencias más impactantes de algunos fenómenos básicos del lenguaje y evaluar el significado y las consecuencias de estos fenómenos en función de su problema específico*, es suficiente. Al respecto, y en virtud de mi experiencia de formación, me interesa señalar dos cuestiones acerca de lo expresado por Bruna. Por un lado, me he encontrado con profesionales muy comprometidos con su tarea, pero con una gran disociación entre sus saberes y sus prácticas; muchos de ellos han realizado cursos de capacitación y actualización sobre la temática; sin embargo, esos saberes no se hacen evidentes ante preguntas como: ¿Por qué haces tal o cual actividad?, ¿Qué mecanismos crees que estás estimulando cuando lo haces?

En algunos casos he percibido la tarea docente con los niños sordos como pura praxis, sin reflexión teórica. Por otro lado, quienes trabajan con estos niños han sido formados en un paradigma del lenguaje totalmente diferente al que propone Radelli con la Logogenia, en efecto, el enfoque comunicativo y funcional del lenguaje es transversal a todas las áreas de estudio en la formación de maestros, sicólogos, sicopedagogos, fonoaudiólogos de países de habla hispana, por lo tanto, los conocimientos acerca de la naturaleza biológica del lenguaje humano están ausentes en su formación. Si bien aprenden algunas nociones chomskianas sobre Psicolingüística, estos saberes no se articulan con los contenidos específicos para trabajar con la discapacidad auditiva.

Entonces, no se trata de que los profesionales no estén capacitados, sino que el paradigma en el que han sido formados no resulta totalmente útil para comprender por qué desarrollar el lenguaje en un niño sordo es una tarea tan difícil. Los paradigmas funcionalistas y comunicativos son útiles para estimular las capacidades lingüísticas que se ponen en juego en las interacciones comunicativas, pero no permiten explicar los mecanismos internos del desarrollo lingüístico. Por ejemplo, los modelos lingüísticos funcionalistas han utilizado varios criterios para caracterizar al *sujeto* (semánticos, suprasegmentales o referenciales) y estos están presentes en la formación de educadores y terapeutas; de modo tal que cuando transponen estos conceptos a la enseñanza de la gramática, es esperable que los niños reconozcan el sujeto como "la persona o cosa de la que se habla en la oración" "o lo que se dice del predicado".

Cuando se forma a profesionales en el método Logogenia, se instala un criterio puramente sintáctico para determinar esta función; esta situación es muy positiva para los niños sordos, quienes en muchas ocasiones se encuentra imposibilitados de interpretar el sujeto en oraciones como:

La reja de la casa era antigua, ella fue la protección familiar durante muchos años

Los niños sordos tienen dificultades para reconocer el antecedente del pronombre personal "ella" porque de manera automática buscan un sujeto animado, una persona de sexo femenino que sea la referencia de dicho pronombre.

No es fácil capacitar en temas de gramática generativa y lingüística biológica a personas que no pertenecen a estas áreas de estudio y obtener resultados óptimos. Quien desea aprender correctamente a trabajar con este método tiene que cursar una formación de calidad, que luego garantice un trabajo eficaz.

La formación en Logogenia ha sido diferente a través del tiempo y en los lugares donde se la ha impartido. En México, desde sus inicios, el objetivo fue llegar a la mayor cantidad de familias para que fueran un soporte principal del trabajo escolar; podían capacitarse desde profesionales a padres de niños sordos para ser logogenistas. En Italia la formación teórica se imparte desde seminarios dictados en universidades y luego, si hay interés en aplicar el método, reciben la formación práctica en la Cooperativa Logogenia. En Argentina hemos seguido el criterio mexicano, sin embargo, aunque muchos tienen la posibilidad de cursarlo, quienes obtienen el diplomado -es decir los que terminan con todos los requisitos solicitados- y se dedican a ello, son por lo general aquellas personas que tienen una especial sensibilidad para la reflexión lingüística.

Hemos ido actualizando los contenidos que se ofrecían inicialmente en el programa de cursado diseñado por Radelli para brindar, una versión más amplia, enriquecida por los años de formación y actualizada con los avances científicos en áreas del lenguaje y de la discapacidad auditiva.

Se pudo observar que el método también puede ser de utilidad para mejorar el rendimiento lector en personas que presentan otras dificultades diferentes de la sordera, niños con dificultades de memoria de trabajo, con TEL (trastornos específicos del lenguaje) y en Italia se realizan experiencias interesantes de logogenia para enseñanza del italiano como segundas lenguas.

Revisión de la noción "aprendizaje"

Una de las expresiones que solemos usar cuando trabajamos con Logogenia es que el lenguaje se adquiere o se desarrolla, pero no se aprende. La justificamos para hacer explícita la diferencia entre la concepción de lengua I (interna) y lengua E (externa)[27]. Sabemos que muchos métodos tradicionales de educación y rehabilitación del lenguaje consideran que el niño sordo debe apropiarse de la lengua que se habla en su entorno a través de un aprendizaje; en ellos subyace la idea sausureana de la naturaleza social del lenguaje; un organismo externo al individuo y compartido por la sociedad. En estos métodos se enseña la lengua al niño sordo para fijar las estructuras que se utilizan en diferentes enunciados. Logogenia propone pensar en la lengua como un sistema interno

---

[27] Chomsky, Noam , 1985.

e innato que se desarrolla en el individuo gracias a la interacción; de modo que no se puede enseñar ni aprender.

Las últimas publicaciones sobre la naturaleza del aprendizaje desde las perspectivas cognitivas nos llevan a revisar lo expresado, no por considerarlo erróneo sino porque la precisión terminológica es un requisito indispensable para una mejor comprensión de los conceptos. En efecto, Stanislas Dehaene, reconocido matemático francés y experto en el estudio de las bases cerebrales de las principales operaciones intelectuales humanas, ha publicado propuestas sobre la naturaleza cognitiva de la lectura y del aprendizaje que brindan nuevos fundamentos a la Logogenia. Si bien el segundo de sus libros, *El cerebro lector,* aporta sólidas bases para comprender el proceso autónomo y biológico de la lectura, en este apartado me interesa abordar su propuesta sobre el aprendizaje, desarrollada en su última publicación del año 2019, *¿Cómo aprendemos?*[28]

En los contextos educativos y escolares estamos acostumbrados a hablar de aprendizaje desde la perspectiva del individuo, del sujeto que aprende y a quien se le enseña algo, así el aprendizaje es concebido como una actividad consciente y voluntaria que realiza una persona en un entorno determinado. Dehaene nos lleva a otra dimensión del concepto de aprendizaje; lejos de una visión empirista, aprender es una acción natural desarrollada por un organismo que se adapta a un medio. En este sentido, aprender es un principio vital que tienen los organismos, los genes y las células para desarrollarse y adaptarse. Para todo organismo esto es inevitable, simplemente porque la información innata heredada de millones de años se desarrolla y aumenta su capacidad durante el transcurso de la vida. *Por ende, el aprendizaje debe prolongar la obra de los genes y la educación debe considerarse como el acelerador de nuestro cerebro.*

---

[28] Agradezco a la Lic. Georgina Bordino, especialista en temas vinculados con la sordera, el lenguaje y la lectura la referencia a este material.

Dehaene expresa que no se puede enseñar sin poseer un modelo mental de lo que ocurre en la cabeza del niño y para ello hay que dejar atrás muchas ideas sobre el aprendizaje expresadas desde las teorías constructivistas. La enseñanza de hoy debe apoyarse sobre intuiciones precoces y abstractas que existen en el niño de manera innata, un precableado natural y genético.

El autor enmarca sus afirmaciones en una "teoría del cerebro estadístico", que se considera superior a cualquier sistema digital de procesamiento. Numerosos datos experimentales respaldan esta hipótesis enunciada por primera vez por Thomas Bayes (1701-1761) y luego es retomada por las investigaciones sobre *machine learning*, una industria muy avanzada de aprendizaje por medio de algoritmos artificiales.

Expresa que el aprendizaje es una actividad que consiste en configurar en circuitos (naturales o artificiales) un modelo interno del mundo que nos rodea. El desarrollo del lenguaje – y de las matemáticas- requiere de algo más que una red de neuronas, necesita una lengua interior (no interiorizada) que permita la combinación de los conceptos que se generan en la mente humana. Este sistema es lo que Pinker denomina *mentalés*. Las personas sordas nacen con este mecanismo, como cualquier ser humano, sin embargo, no pueden desarrollar los parámetros de la lengua que se habla en su comunidad a causa de la ausencia del estímulo lingüístico desencadenante. Pueden hacerlo en forma natural si están expuestos a edades tempranas a una lengua de señas o bien recibir terapias para desarrollar los parámetros de la lengua hablada por los oyentes de su comunidad. El cerebro del niño sordo, para no ser monolingüe en lengua de señas, sino bilingüe, debe aprender la lengua que se habla en su entorno a través de medios artificiales: lectura labial, audífonos o implantes cocleares. Quiero resaltar el uso del término "aprender" atribuido a la mente, al cerebro y no al niño como sujeto.

Es en este sentido que el término *aprendizaje* nos interesa a los que trabajamos con Logogenia. El niño sordo (o su mente) aprende la lengua de su entorno a través de la vía visual de una lengua auditiva: la escritura[29]. Cuando logra instalar los parámetros de la lengua oral en un registro visual, el cerebro de ese niño también aprende a leer; en el sentido de comprender el mundo que existe en el papel. Claro que no hay cerebro sin niño, pero son dimensiones diferentes que hay que saber diferenciar.

Todo niño posee un cerebro estadístico que funciona a partir de hipótesis y probabilidades; el aprendizaje consiste en avanzar en ese sentido, insertando conocimientos nuevos en una red preexistente. Esta red está construida por símbolos que se combinan de manera recursiva, es decir que cada conocimiento nuevo se reutiliza en combinaciones inéditas, infinitamente. Frente a diferentes situaciones, el cerebro infiere reglas abstractas que pone a prueba en nuevos contextos.

Otra cuestión importante para la tarea que se realiza en Logogenia, es lo que Dehaene enuncia como "atención compartida". Un principio fundamental del aprendizaje del lenguaje es que considera la presencia de terceros en los contextos, un niño —como sujeto- no aprende nada donde no exista una intención. Aprender, dice el autor, es *seleccionar dentro de un gran conjunto de expresiones en el lenguaje del pensamiento, aquella que más se ajuste a los datos.* Para ello el cerebro debe sacar continuamente deducciones a las observaciones que realiza. Pero para que esto funcione debe existir "sorpresa cognitiva", un comportamiento mental que está presente en el ser humano desde que es un bebé.

Existen investigaciones neurocientíficas que avalan la idea de que la intuición de probabilidades es una capacidad natural e

---

[29] No existe contradicción en el uso que hacemos del término "adquisición" de la competencia lingüística y "aprendizaje" del código escrito. En el caso de las personas sordas podemos observar que estos dos procesos pueden darse simultáneamente.

innata que permite al bebé realizar un análisis estadístico de los estímulos auditivos que percibe a través de la lengua, categorizarlos, jerarquizarlos y relacionarlos con otros sistemas cognitivos, para ello no necesita exponerse a millones de datos, sino solamente a los que resultan relevantes. Es importante tener claro que estos procesos se realizan por estimulación interna; una vez disparada la respuesta al estímulo lingüístico desencadena una cascada de movimientos inconscientes, automáticos e involuntarios. Para activar cualquier proceso de aprendizaje, y particularmente el aprendizaje lingüístico, las neuronas deben tener la posibilidad de adaptarse a los diferentes estímulos que ofrece la experiencia. Es en este punto cuando cobra importancia lo empírico en el desarrollo. Un cerebro que aprende es un cerebro que cambia.

Todos los humanos poseemos, hasta el momento de nacer un precableado preparado para el lenguaje, pero una vez que se nace, el entorno interactúa con los sistemas innatos y se conforma el desarrollo individual. No todas las capacidades poseen el mismo tiempo de desarrollo, algunas como la capacidad de aprender palabras dura toda la vida, pero el desarrollo fonológico tiene un período más sensible que el desarrollo gramatical. En lo que refiere al aprendizaje de lenguas extranjeras -o segundas lenguas- la plasticidad cerebral para el aprendizaje de la gramática sufre una reducción drástica en la pubertad. Dehaene habla de períodos sensibles, no críticos, porque considera que la capacidad disminuye, pero puede seguir y hasta reciclarse o compensarse en el caso de alteraciones de desarrollo.

La denominada hipótesis del *reciclaje neuronal* es importante para comprender lo que sucede con la adquisición del lenguaje en personas privadas de audición. La exposición a estímulos de diferente naturaleza (lenguas de señas, lectura labial, audición digitalizada, entre otros) arma derroteros diferentes y singulares. En particular, y en lo que nos interesa en este libro, la adquisición del lenguaje y la lengua escrita forman en las personas sordas un hibrido de características únicas porque cuando un niño sordo accede a la alfabetización, su situación lingüística previa es variada. Puede ir desde la total ausencia de una lengua interior a la presencia de algunos elementos lingüísticos aprendidos, pero sin que se haya consolidado ningún sistema, pasando por las situaciones complejas que se presentan cuando se accede a la escolaridad desde un cerebro cableado con parámetros de lenguas no orales, sino totalmente visuales. Aprender a leer es una forma de reciclaje neuronal ya que se altera la función de áreas visuales naturales que estaban destinadas a la comprensión de rostros, para instalar lo que Dehaene denomina "la caja de las letras" y además, vincularla con las áreas auditivas del cerebro. *La alfabetización crea una nueva puerta de entrada visual hacia los circuitos del lenguaje*, afirma el autor.

Dehaene considera que existen cuatro funciones en la naturaleza humana que optimizan la extracción de información del entorno y por ende, mejoran la capacidad de aprendizaje de los organismos. Vamos a explorar cada una de ellas relacionándolas con el aprendizaje que se realiza en Logogenia.

La atención

En ciencias cognitivas se denomina atención a los mecanismos biológicos que el cerebro utiliza para seleccionar información, focalizarla y luego canalizarla hacia otras áreas. No es exclusivo de la especie humana, sino que también está presente en otras especies. Sin atención, al cerebro le es imposible acceder a los innumerables datos que percibe y se dificulta todo tipo de aprendizaje.

En lo que respecta al lenguaje, cuando una persona comprende una palabra, las neuronas sensoriales que codifican la lengua se prolongan rápidamente hacia la corteza prefrontal, donde se mantienen activas y con posibilidades de ser recordadas después.

Sin atención, el niño puede percibir las palabras (oídas o leídas) pero estas quedan en los circuitos sensoriales y nunca se propagan para alcanzar las representaciones léxicas y conceptuales que permiten su comprensión.

La atención es crucial para la interpretación de la información relevante y, según Michael Posner[30], existen tres sistemas de atención principales:

a. La alerta, que indica cuándo prestar atención. Está vinculado con los centros de placer.
b. La orientación de la atención que muestra a qué prestar atención. Permite incrementar la acción de las neuronas hacia la información relevante o la que está en foco y actúa como un filtro selectivo.
c. El control ejecutivo, que actúa sobre la ejecución, sobre qué hacer con esa información. Está vinculado con la memoria de trabajo e implica conservar la atención en los elementos y las etapas de la operación que se realiza para poder recordar luego. Este mecanismo surge en la infancia, la experiencia y la educación actúan sobre él, mientras se moldea la corteza prefrontal.

Relacionemos ahora lo expresado con la terapia Logogenia. Efectivamente, este mecanismo se activa inmediatamente presentamos al niño sordo las tarjetas con las palabras formando oraciones. En la mayoría de los casos estos niños están supuestamente alfabetizados, sin embargo, solamente perciben las palabras que conocen su significado, que por lo general son muy pocas. No prestan atención a las palabras funcionales, se diría que *las pasan por encima*, no la registran con la mirada. En esta primera etapa de trabajo con logogenia se pone en evidencia la situación en la que se encuentra el niño sordo con respecto a su alfabetización. Aquellos que han recibido algún tipo de

---

[30] Citado por Dehaene, op. cit.

alfabetización fonológica tienen una gran ventaja frente a otros que solamente poseen lectura global; lo cual es un problema, pues prestar atención a la forma global les impide descubrir el código alfabético y por tanto, el circuito de procesamiento se orienta por una vía equivocada. Esto es una alerta para el logogenista, que inmediatamente debe contactar a los maestros alfabetizadores de ese niño para mostrarle que, sin lectura fonológica, no podrá aprender nuevas palabras. Asimismo, muchos de estos niños focalizan su atención en palabras aisladas y el trabajo de logogenia implica un entrenamiento fuerte para aprender a prestar atención a los sintagmas y a las oraciones.

Vimos que la herramienta principal del método es la oposición de oraciones o pares mínimos y justamente este recurso trabaja de manera directa sobre el entrenamiento atencional; ver como se ponen y se sacan tarjetas de palabras o sintagmas completos y se los cambia de lugar en la oración es algo a lo que no estaban acostumbrados. El factor sorpresa juega un importante papel en el proceso, como así también la denominada atención compartida. El niño entabla un diálogo de miradas con el logogenista y de esa manera se genera un ambiente propicio para que se sienta seguro y revise sus hipótesis en función de las respuestas a las órdenes que se le imparte.

Además, y posiblemente porque la persona sorda tiende a compensar la percepción auditiva con información que ingresa por la vista y por el contexto, la logogenia pone a la persona sorda en una situación totalmente inesperada ante la lengua escrita y ya no puede acceder a los contenidos recurriendo a otros recursos o ayuda –lectura labial, lengua hablada, traducción en señas o simplemente gestos indicadores-. Esto obliga a su cerebro a prestar atención en el lenguaje porque sabe que solamente allí tendrá la respuesta a sus hipótesis. Ningún otro método ha puesto tanto énfasis en la atención focalizada y exclusiva en el canal escrito para acceder a la comprensión del lenguaje.

El compromiso activo

Es otro de los pilares que señala Dehaene para lograr un aprendizaje efectivo y se relaciona con la actitud de los niños frente al aprendizaje. Un estudiante activo, dice al autor, reformula permanentemente sus pensamientos, mientras que la pasividad no le permite actualizar los modelos mentales del mundo y se queda con hipótesis fijas sobre lo que conoce. Importantes investigaciones de neurociencias muestran la actividad cerebral en la comprensión del lenguaje y cómo una imagen inconsciente puede entrar sin dificultad en las áreas sensoriales, pero la onda de actividad hacia la zona prefrontal es tan débil que resulta imposible que se construya una representación conceptual de la oración que se está percibiendo.

Con una fuerte crítica a las pedagogías del descubrimiento, que dejan solo al niño en el proceso de aprendizaje, el autor enfatiza en el rol del *docente que debe aportar un entorno de aprendizaje gradual, estructurado, explícito, concebido para guiarlo hacia la cumbre. Una de las bases del compromiso activo es la curiosidad y deseo de aprender y tal actitud no es aprendida, sino que está presente desde la edad temprana y uno de los ingredientes de nuestro algoritmo de aprendizaje,* expresa Dehaene. Un organismo debe recibir información relevante y novedosa para que la curiosidad no decaiga.

Una característica marcada en los niños sordos es la pasividad ante el aprendizaje del lenguaje; posiblemente como respuesta al agotamiento por el esfuerzo ante tantas horas de rehabilitación que reciben desde que detectan su sordera. Están mecanizados y acostumbrados a realizar tareas donde predomina la reproducción a la producción autónoma y espontánea. La terapia de Logogenia rompe este modelo porque lo pone en una actitud autónoma y activa y despierta la curiosidad en el niño porque se trabaja sobre un contexto donde él se siente seguro y se va avanzando lentamente para evitar la frustración. Cuando el niño descubre que las hipótesis que hizo sobre las ordenes presentadas son erróneas, tiene curiosidad por saber en qué se ha equivocado y ello lo lleva a mantener la atención en el modelado que realiza otra persona o el maestro.

La revisión o feedback a partir del error

Para lograr el feedback en el aprendizaje, expresa Dehaene, es necesario realizar una devolución amable que detecte, explique y corrija el error. Este cuarto pilar del aprendizaje incide sobre la velocidad con la que aprende nuestro cerebro. En efecto, éste hace una predicción a partir de los estímulos sensoriales, luego calcula la diferencia entre la predicción efectuada y el estímulo recibido y a partir de ello corrige su representación interna ajustándose a la realidad. El aprendizaje, entonces, no se produce por asociación sino por un constante ajuste de probabilidades; cada evento imprevisto trae un ajuste de los modelos internos del mundo. Cuando los eventos se repiten, las respuestas son previsibles y por tanto el evento sorpresa decae y con ello también baja la respuesta de las neuronas implicadas. El área de Broca, dice el autor, responde a los errores de la sintaxis, cuando el cerebro predice una determinada categoría de palabras, pero recibe otra. Importantes investigaciones de neurociencias demuestran cómo funciona esto.

Si algo es muy evidente cuando se trabaja Logogenia es el feedback que se produce durante una buena sesión de terapia. Dado que las sesiones no son planificadas previamente, sino que, frente a un estímulo inicial, el niño sordo debe realizar en forma autónoma las representaciones de las oraciones leídas; se enfrenta permanentemente a una situación de ajustes de predicciones. Cuando ejecuta una orden u observa la ejecución realizada por otra persona, su cerebro detecta por sí solo qué estrategias usar para dar respuesta a un determinado problema. El factor sorpresa está presente en forma permanente en la sesión y de esta forma garantiza la atención.

Durante el proceso de aprender a leer, el cerebro debe poner en funcionamiento una serie de rutinas que consolidan los circuitos de procesamiento de la lengua escrita. Cuando dichas rutinas se automatizan, se liberan los recursos de la corteza cerebral para dar lugar a las operaciones semánticas, necesarias para la comprensión de la lectura y la realización de inferencias. Lo que se busca con logogenia es consolidar la comprensión de las estructuras sintácticas presentes en el lenguaje escrito, automatizar este proceso y liberar al cerebro de esta rutina, a los efectos de poder activar los recursos cognitivos de la comprensión lectora.

Aportes de la neurosicología cognitiva a la Logogenia

Es natural pensar que en un individuo "normal" o típico, saber una lengua corresponde a hablarla, pues así es como se manifiesta en la mayoría de las situaciones. Esta idea genera una gran confusión en la situación de las personas con déficit auditivo pues lo que la sociedad espera -los padres y los profesionales- es que estos niños hablen. Se pone gran parte del esfuerzo terapéutico en lograr esta habilidad y cuando se consigue, se da por hecho que además de poder hablar, posee competencia lingüística. Sin embargo, no hay nada más lejos que esta afirmación. Muchos niños sordos reproducen la lengua oral o escrita sin comprender lo que sus emisiones significan y ellos se debe a que el sistema lingüístico humano está diseñado para que ello suceda sin inconvenientes.

Nuestro cerebro posee conexiones especializadas que permiten procesar información lingüística en diferentes formatos; podemos escuchar la lengua, hablarla, escribirla o leerla. Las cuatro vías de ingreso y salida de la información lingüística son totalmente independientes y todas pueden conectarse, o no, con un sistema cuya naturaleza es diferente a la de los módulos mencionados. Ese sistema semántico puede vincular la información que ingresa por las distintas vías con los conceptos o significados. Y hago hincapié en el hecho de que pueda hacerlo, porque lo que interesa para comprender lo que les sucede a las personas sordas es justamente que muchas veces, los procesos lingüísticos mencionados eluden el sistema semántico y procesan la información de manera automática y sin que los asocie a los significados almacenados en la mente.

La pobreza léxica en las personas sordas es un factor para tener en cuenta en estos procesos. Muchos niños sordos utilizan palabras orales sin conocer su significado, sucede, por ejemplo, cuando los padres o los maestros les piden a los niños que "hablen" y reproduzcan lo que les dicen; inmediatamente el niño las repite -de la misma manera que lo puede hacer un loro- sin tener idea de lo que sus expresiones significan. Si un niño sordo está implantado, tiene acceso al mundo sonoro de la lengua; es decir que oye -y por ende puede reproducir- una amplia variedad de palabras y expresiones[31] y puede hacerlo sin saber qué significan; situación que genera confusión en la sociedad, que, ante el desconocimiento de estas cuestiones, no comprende lo que le sucede a la persona sorda. Lo expresado respecto a la oralidad es aplicable también a la lengua escrita. Muchos niños sordos leen en voz alta y escriben -aunque en realidad se diría que copian o reproducen- sin tener conocimiento del contenido que están expresando y, dado que las políticas educativas cada vez más abogan por la inclusión al sistema común, estos niños cursan y aprueban niveles escolares en una situación de simulación de aprendizaje y ante el total desconocimiento de los profesores y maestros que no están especializados en la sordera.

---

[31] Se hace la salvedad que no en todos los casos el implante coclear permite una clara percepción del lenguaje, hay factores vinculados con el tipo de sordera, otras patologías lingüísticas asociadas o simplemente una correcta calibración, entre otras variables, que determinan la calidad de la percepción lingüística a través de esta tecnología auditiva.

¿Cómo revertimos esa situación? La respuesta hay que buscarla en un cambio de paradigma en la adquisición de las lenguas histórico-vocales (español, portugués, francés, etc.) e instalando los modelos neurocognitivos como fundamentos de toda intervención temprana. Este paradigma permite analizar de otra forma el problema lingüístico de la persona sorda y, por ende, diseñar mejores propuestas de intervención.

En lo que refiere a la lengua escrita y a la Logogenia en particular, los modelos neurocognitivos del procesamiento lingüístico son un significativo aporte a los fundamentos teóricos del método. Aunque, como vimos en el capítulo dedicado a Bruna, ella anticipó que su método podría ser de interés para las Neurociencias, no llegó a precisar los alcances de sus afirmaciones. Su expresión de que las personas sordas deben realizar una inmersión en la escritura para, de esta forma, adquirir el español a través del mismo idioma, puede reinterpretarse desde el paradigma neurocognitivo del lenguaje como la especificidad de dominio de los módulos implicados en el procesamiento lingüístico. En efecto, estos módulos son autónomos, especializados, poseen encapsulamiento informativo -funciona de manera autónoma e independiente y acorde a sus propias reglas-, especificidad de dominio y tienen origen innato - están programados genéticamente para efectuar determinadas tareas y no otras; de manera obligatoria, es decir que una vez iniciado el proceso continúa hasta el final. Estas características son sostenidas desde los conceptos de disociación y doble disociación: si un paciente puede efectuar una tarea lingüística de manera correcta, pero otra en forma deficiente se presume que las partes afectadas son independientes, más aún si otro paciente presenta la situación a la inversa. La inmersión en la lengua escrita que realizamos con la Logogenia implica justamente utilizar la vía visual del lenguaje: la lengua escrita.

Para las Neurociencias del Lenguaje, podemos decir una palabra en voz alta, podemos oírla; escribirla o leerla. Cuando trabajamos con Logogenia utilizamos los módulos específicos del área de lectura y para ello es importante saber que la lengua escrita es un invento relativamente reciente en el contexto del desarrollo humano y por eso, por tratarse de una adquisición que no tiene más de 3.500 años, no está programada en nuestro cerebro y por lo tanto requiere de un aprendizaje, pues no se desarrolla de manera natural. Cuando leemos podemos vincular las áreas de lectura con áreas de la lengua oral, si realizamos tareas específicas como leer en voz alta, escuchar una lectura o hablar mientras escribimos. Pero no es obligatorio hacerlo, porque también podemos leer y escribir sin necesidad de utilizar los módulos específicos de la oralidad.[32]

Aunque parezca un proceso global y automático, la lectura implica la realización de diferentes operaciones mentales. Cada vez que estamos frente a un texto escrito inmediatamente habilitamos el sistema de análisis visual y percibimos todo lo que está ante nuestros ojos, pero solo si hemos sido alfabetizados podemos discriminar las letras escritas de cualquier signo gráfico, no importa si están en cursiva, mayúscula, Bookman old style, o que las letras puedan estar distorsionadas, nuestra mente interpreta los signos gráficos como letras de un alfabeto. Ciertas patologías como la deficiencia visual o algún tipo de dislexia pueden entorpecer esta primera operación realizada con el módulo de discriminación visual. La sordera no presentaría dificultades para esta fase pues, como podemos ver, muchos niños sordos pueden reconocer y escribir las letras del alfabeto sin dificultades a partir de sus rasgos visuales. El segundo paso es convertir esas marcas visuales o gráficas en fonemas y existe un módulo específico que procesa esa información. Gran parte del tiempo destinado

---

[32] Dejamos de lado aquí el rol que cumple la oralidad en la adquisición de la lecto-escritura. Hay una controversia acerca de la dependencia o autonomía de las lenguas escritas con respecto al formato oral de la misma lengua que no desarrollaremos en este libro, pero que sí es necesario recordarlo, pues en el caso de la alfabetización de los niños sordos juega un papel importante, según los modelos que se utilicen.

a la alfabetización consiste en eso: en desarrollar la conciencia fonológica de la lectura. En los niños sordos este proceso se puede ejecutar por varias vías. La óptima es a través de los recursos auditivos (audífonos e implantes cocleares), pues la mejor manera de acceder a los fonemas de la lengua es percibirlos auditivamente. Sin embargo, no en todos los casos esos aparatos funcionan, pues la nitidez de la percepción está condicionada al beneficio que le otorgue la tecnología. Además, si hay patologías asociadas a la sordera que dificultan la comprensión de los sonidos percibidos, este segundo módulo no se ejecutaría correctamente y por tanto la conversión de grafema a fonema podría distorsionarse.

A partir de los fonemas ya se puede identificar las palabras de la lengua, tal como sucede en la lengua oral, por medio de un trabajo lento que consiste en ir transformando una a una, y de manera serial, las letras que conforman la palabra en sus correspondientes fonemas[33]. Luego de mucha práctica en la primera etapa de alfabetización ese proceso lento y trabajoso comienza a automatizarse, entonces las palabras ya no se reconocen a través de la percepción de fonemas de uno en uno sino de manera global, como objetos visuales. Se pasa de percibir las letras linealmente a hacerlo en estructuras globales con formas de palabras de la lengua. Se forma entonces una representación ortográfica de una palabra, que se almacena en la memoria y que puede ser rápidamente recuperada, cada vez que esta aparece.

Entonces se pone en funcionamiento el siguiente módulo de léxico ortográfico; que contiene todas las palabras que pertenecen a la lengua en la que se ha alfabetizado al niño. Un niño sordo que no se ha alfabetizado correctamente presenta graves dificultades

---

[33] Y aquí es importante destacar que se habla de fonemas y no de sonidos. Para los niños sordos la referencia no es el sonido porque no lo percibe de manera natural, sino que se trata de una construcción mental elaborada por otras vías (visual, gestual o auditiva con tecnología) que no necesariamente refiere al sonido que escucha quien oye.

para acceder a esta nueva fase de procesamiento porque durante mucho tiempo continúa percibiendo los fonemas aislados, sin llegar a integrarlos en palabras; sin la velocidad y el automatismo de esta fase no puede conectar esta etapa con el sistema semántico que es el que otorga significado a las construcciones percibidas. Una persona sorda puede haber recibido una alfabetización inicial exitosa, sin embargo, su rendimiento lector puede ser deficiente porque el léxico de entrada visual no identifica las palabras, de esta manera la persona lee y deletrea, pero no integra los grafemas para constituir significados léxicos, no percibe las estructuras morfosintácticas de las palabras y por tanto no puede inferir el significado a partir de la raíz léxica. Es común que realice asociaciones entre palabras más por forma visual que por su estructura. Un ejemplo de ello puede ser la asociación de una palabra como esmeralda con espalda porque tiene parecido formal.

Un problema frecuente ocurre con algunos modelos bilingües de alfabetización que centran todo el esfuerzo en la relación grafía y alfabeto dactilológico, sin tomar en cuenta el aspecto fonémico.[34] Muchos de estos niños transponen al alfabeto dactilológico cada una de las letras que perciben en las palabras, pero luego no pueden integrarlas en una estructura mayor porque las señas de las palabras no corresponden a la articulación del dactilológico de las letras (salvo cuando se trata de palabras nuevas o nombres de personas, por ejemplo). De modo que retrasan el desarrollo léxico porque sólo guardan las palabras frecuentes que leen en las pocas horas de escolaridad y aunque almacenen muchas palabras en lengua de señas no necesariamente dichas palabras también son guardadas en el formato de la lengua que leen o escriben. Las mayores dificultades se presentan con las palabras con articulación sintáctica compleja (palabras compuestas de prefijos, sufijos o desinencias verbales); al no tener activado el mecanismo que

---

[34] Otra vez no confundir con el fonético. No se trata del sonido de las letras sino de construir representaciones fonéticas aún en ausencia de sonido.

permite articular los fonemas en palabras no pueden construirlas estructuralmente como tales y solo perciben fonemas en una serie. Es frecuente que estos niños presenten puntuaciones muy bajas en pruebas de decisión léxica (reconocer palabras de no palabras).

Cada vez que se lee una palabra se ponen en funcionamiento algunos de estos tres sistemas -o todos-: ortográfico, fonológico y semántico. Es decir, se pueden identificar las letras que componen una palabra, aunque se ignore qué significa esa palabra; se puede recuperar el sonido de ellas o se recupera el sistema conceptual que les da significado. Se puede reconocer que una determinada palabra pertenece al español si se sabe español; pero aunque el inglés se escriba con las mismas letras que el español, no reconoceríamos una determinada palabra bien escrita en inglés si no sabemos el idioma. Podemos leer y comprender -o no- una palabra en inglés y no saber cómo suena en la oralidad. Son módulos autónomos y aunque funcionen en conjunto cada uno tiene su especificidad.

Hay dos formas de lectura. Una es leer sin entender y la otra es leer comprendiendo. Para leer sin comprender solo hace falta pasar por los módulos de discriminación visual, de discriminación fonológica y de léxico ortográfico. Pero para comprender lo que se lee, cuando se llega el módulo de léxico ortográfico debe activarse paralelamente el sistema semántico, si ello no sucede se puede seguir el proceso y hasta leer la voz alta o reproducir por escrito la palabra sin tener idea de qué significa ésta. En muchos casos los niños sordos no pueden acceder al *sistema semántico* desde la ruta visual, necesitan imágenes o que alguien traduzca con señas el significado de las palabras, situación que se complica aún más cuando se trata de palabras que adquieren significados diferentes en distintos contextos oracionales. En algunos casos los significados son reducidos a un único referente que ha sido aprendido en forma de rótulo, luego es muy difícil que el alumno sordo despegue el rótulo de la imagen que se adjunta, para luego atribuirlo a otro objeto.

Cuando se tiene por primera vez una sesión de Logogenia con una persona sorda, inmediatamente se puede detectar si los módulos descriptos anteriormente están habilitados, pues de ello depende que se pueda trabajar con esta metodología. Podemos encontrarnos con diferentes situaciones. Un niño sordo puede leer la oración que se presenta como estímulo vocalizando cada una de las palabras y sin embargo, cuando indagamos en el acceso semántico de cada palabra nos damos cuenta de que no saben qué significan. Las reconocen como palabras, las leen en voz alta, pero si no saben el significado de la palabra aislada, tendrán graves inconvenientes para comprender la relación de esa palabra con las otras que aparecen en la oración; que es el objetivo central de la Logogenia. Estos niños requieren una revisión de sus estados de alfabetización antes de continuar con la metodología. Frente a personas que utilizan las lenguas de señas como su primera lengua, pueden presentarse situaciones que indicarían niveles distintos de aprendizaje de la lengua escrita. Podemos estar frente a aquellos -por lo general niños en edades de primera escolaridad- que ante la oración que se presenta como estímulo, se quedan en las primeras palabras tratando de reconocerlas en forma global; o bien pueden deletrear las letras de las palabras con el alfabeto dactilológico, pero sin lograr integrarlas en una palabra; por tanto, no pueden avanzar con la siguiente y menos aún con la oración completa. Pero también pueden presentar un estado más avanzado y poseen más vocabulario; reconocen más palabras en forma global y también su correspondiente significado (acceden al sistema semántico) pero, frente al resto de las palabras desconocidas no tienen los recursos fonológicos (la vía fonológica) para acceder a ellas y decodificarlas. Ven las palabras como rótulos que asocian a determinadas señas y conceptos, pero no pueden percibir su articulación fonológica y, por tanto, si se les presenta palabras que tiene la misma raíz léxico-semántica pero compuesta con prefijos y sufijos no logran percibir el significado. Por ejemplo, leen y reconocen la palabra *útil* y acceden al significado, pero luego, frente a *inutilidad,* no poseen recursos fonológicos para acceder a ella. Frente a estos casos, la Logogenia será más efectiva si, paralelamente, se implementan las estrategias metodológicas para una alfabetización adecuada (que ya no es tarea de la Logogenia).

De la misma manera que alguien puede leer y vocalizar lo leído, también puede leer para sí mismo o transcribir lo que está leyendo. Ya hemos expresado que muchas personas sordas presentan grandes dificultades cuando interviene el sistema semántico en el procesamiento, tan compensado se encuentra el sistema mediante el sentido de la vista, que los sordos pueden vivir en un mundo de objetos, usarlos y manipularlos sin conocer el nombre de muchos de ellos —salvo en lengua de señas—.

Como el léxico de entrada visual es reducido, cuando leen saltean el sistema semántico y usan una ruta directa que los lleva ya sea al *léxico de salida del habla* y luego al *léxico de salida grafémico*; de esta manera leen en voz alta o copian sin comprender. Si la tarea consiste en que lean en voz baja e interpreten para sí mismos lo que están leyendo, efectúan una acción automatizada sin que los docentes puedan determinar qué representaciones acerca de lo que dice el texto se crean en sus mentes. En los casos en que ni siquiera hay comprensión de las palabras que se leen, como sucede cuando un oyente está en los primeros grados de la escolaridad y copia letra a letra lo que ve, las personas sordas no alfabetizadas pasan de manera directa desde el sistema de análisis visual a la copia letra por letra mediante un mecanismo de conversión de grafemas en fonemas. Pueden tener carpetas muy prolijas y hacer sus tareas escolares rutinariamente con ayuda de alguien que les explica o traduce en señas lo que dice el texto y ser totalmente incapaces de comprender una oración que ellos mismos escribieron. Cuando la actividad consiste en redactar espontáneamente un pensamiento, se pone en evidencia lo que podemos denominar la particularidad del déficit lingüístico de la mayoría de los sordos prelingüísticos: el agramatismo sintáctico. El producto escrito no refleja ni la gramática oracional de la lengua que se está utilizando, ni tampoco la gramática textual. Pueden en algunos casos producir una serie de oraciones simples sin estructuras ni dependencias sintácticas o, en el caso de que la lengua natural de la persona sorda sea la lengua de señas, escriben oraciones que poseen la sintaxis de la lengua de señas y el vocabulario –sin flexión ni derivación– de la lengua que intentan escribir.

El método nos permite realizar acertados diagnósticos de la situación de alfabetización en que se encuentran las personas que reciben Logogenia porque se utiliza una única vía de procesamiento del lenguaje: la lengua escrita. El niño sordo debe percibir los significados lingüísticos a través de este medio sin que los otros sistemas interfieran, pues podrían estar accediendo al sistema semántico a través de otra modalidad. Para la neurosicología cognitiva, el lenguaje posee, como ya dijimos anteriormente, módulos especializados, pero también un sistema semántico de naturaleza multimodal; donde se almacenan los conceptos en diferentes formatos (visuales, auditivos, gráficos, en lengua de signos, entre otros). Una persona sorda puede tener un universo conceptual muy rico y construido gracias este sistema multimodal y sin embargo ser alguien analfabeto.

Creemos que la logogenia es la única metodología para niños sordos que utiliza solamente la vía lingüística visual para acceder a la comprensión de la lengua escrita. Las otras metodologías utilizan recursos de la oralidad o de otras lenguas para acceder a lo escrito.

Otro interesante aporte de las neurociencias del lenguaje a nuestros propósitos es que, aunque todos coinciden en un punto 0 del desarrollo lingüístico, una vez que el organismo nace, crece en un entorno y se adapta a él. La capacidad adaptativa es tal que, en edades tempranas –y en algunos casos en cualquier momento de la vida– un organismo que nace o crece con daños en algunos de los módulos va creando compensaciones en el procesamiento que garantizan la obligatoriedad del funcionamiento de los que no están dañados. Estas compensaciones alteran rutas del proceso natural o habilitan otras nuevas en virtud del tipo de estímulo recibido del entorno. Las personas que nacen sordas o pierden la audición en edades tempranas presentan diferentes desarrollos lingüísticos según cual haya sido su experiencia de vida y su exposición a las diferentes lenguas. Aunque los implantes cocleares son dispositivos que actúan sobre el procesamiento auditivo del lenguaje y las terapias auditivas verbales habilitan dicha vía de desarrollo porque permiten que el niño sordo perciba la lengua del entorno sin necesidad de leer los labios o acompañar con señas. muchos de estos niños presentan dificultades para acceder a la comprensión o producción de textos escritos.

El modelo de Ellis y Young y el procesamiento lingüístico de las personas sordas.[35]

Lo que previamente expusimos sobre el itinerario que sigue el procesamiento de la lengua escrita en las personas sordas, puede comprenderse en un contexto más amplio y que explica el procesamiento de la palabra aislada en los diferentes módulos. Un modelo muy interesante que, si bien ha sido más utilizado en el ámbito de las afasias en general, puede ser de utilidad para explicar estos procesos en personas con discapacidad auditiva.

---

[35] Este punto fue desarrollado con mayor precisión y ejemplificación en el libro de Patricia Salas, Sordera y lenguaje. Neurociencias y Logogenia (2015)

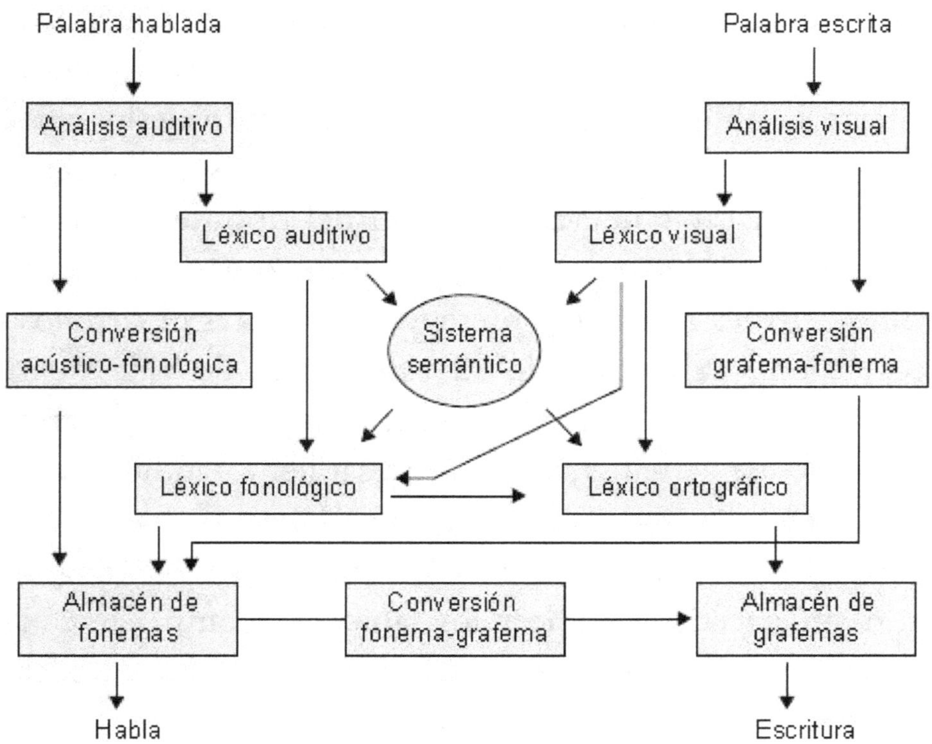

Adaptado de Ellis y Young (1992)

Cualquier niño -y también aquellos que nacen sordos- posee en su mente un módulo de análisis acústico, innato, específico y obligatorio que analiza los estímulos que ingresan al organismo a través de la audición y de esta forma comienza a discriminar aquellos sonidos que pertenecen a la lengua de su entorno de aquellos que no son lingüísticos. Pero si el niño nace sin audición, o la pierde a edades tempranas, no lo activa naturalmente sino a través terapias y en el caso de no contar con prótesis auditivas, ajustará su desarrollo lingüístico a las compensaciones que utilice para interactuar con el medio; si lee los labios, el módulo de análisis acústico sufrirá modificaciones producidas por la intervención de otro módulo de naturaleza visual.Por otro lado, la variación de frecuencias que se puede percibir con audífonos o implantes cocleares incide en la configuración de las redes neurales de cada caso en particular y el desarrollo también estará condicionado por la utilidad que haga de sus aparatos auditivos.

En caso de que un niño sordo adquiera una lengua de señas a edad temprana y priorice su desarrollo lingüístico sobre la vía visual, el módulo de análisis acústico también sufriría modificaciones en virtud de la intervención de un sistema visual alternativo. Por otro lado, si el niño sordo recibe a edad temprana prótesis auditivas, tales como implantes cocleares o audífonos, y además tiene acceso a una rehabilitación auditiva oral, el módulo al que nos estamos refiriendo recibe el estímulo necesario para comenzar a operar, los resultados de su funcionamiento variarán en virtud del rendimiento de las prótesis y de la eficacia de las terapias y de los terapeutas. Si se permite leer los labios o acceder a información no acústica cuando se está estimulando el procesamiento auditivo se corre el riesgo de que el módulo no funcione para lo que fue diseñado, es decir para discriminar el estímulo acústico; sino que desarrolla las compensaciones que mencionamos anteriormente.

Cuando se oye el habla de un interlocutor, obligada e involuntariamente se perciben palabras, salvo que no se conozca la lengua que se está oyendo. Para que la mente detecte que lo que oye es una palabra tiene que estar en funcionamiento el módulo denominado *léxico de entrada auditiva*. Este módulo almacena todas las palabras que se oyen, de tal manera que cuando alguien emite, una no-palabra –por ejemplo: crisusjt, el cerebro no la reconoce como palabra sino simplemente como ruido. Si la persona nació sorda y nunca percibió auditivamente los sonidos externos –menos aun los que corresponden al habla– no pudo activar el módulo de análisis acústico detallado anteriormente, de tal manera tampoco podrá activar el léxico de entrada auditiva, simplemente porque no lo oye. Lo que no quiere decir que no pueda almacenar léxico; sí lo puede hacer y lo hace, pero de manera compensatoria y condicionada a una cantidad enorme de variables de toda naturaleza que hacen que el almacenamiento del léxico de la lengua que los demás hablan sea más o menos deficiente y más o menos completo en virtud de las variables que incidan en el desarrollo del lenguaje de esa persona. La cantidad de léxico aprendido estará condicionado a su exposición al entorno, a la calidad de los intercambios o a la actitud de la persona ante la lengua que no oye. También puede suceder que al escuchar de manera deficiente y distorsionada se almacene una palabra tal como se la oye.

Muchos niños sordos que no han recibido una efectiva rehabilitación auditiva desarrollan un léxico mental auditivo empobrecido o distorsionado y ello, obviamente les impide acceder a los significados que denotan o connotan dichas palabras.

Si la mente reconoce un sonido como palabra, de manera automática se construye una representación mental de su significado porque se dispara información del sistema semántico, que es multimodal en el sentido de que opera con información proporcionada por distintas vías. Las palabras oídas se vinculan con este sistema siempre y cuando exista allí información conceptual sobre dicha palabra. Se puede oír una palabra e identificarla como tal sin que se sepa su significado; es lo que sucede por ejemplo con los términos especializados, puedo oír una palabra como *fermión*[36] y desconocer qué significa, puedo repetirla o escribirla tal como la oigo, pero sin saber su significado, es decir sin acceder al sistema semántico. O también puedo conocer solo alguno de los significados de un término; como sucede con la palabra confinamiento: si desconozco el significado que posee dicha palabra en la física cuántica[37], solamente accederé al significado que designa una situación de reclusión solitaria en una cárcel, por ejemplo. Como las palabras no aparecen solas, sino en oraciones, los significados se desambiguan en la sintaxis, así, si el significado representado no encaja en el enunciado en el que aparece, la mente lo rechaza.Los sordos presentan una variedad de respuestas a estas situaciones, dependiendo del desarrollo lingüístico de

---

[36] Término de la física cuántica.

[37] Propiedad de la interacción fuerte; los quarks o los gluones nunca son hallados aislados sino solamente dentro de objetos compuestos de color neutro.

cada uno. Aquellos que poseen sordera congénita y no activan los módulos de análisis acústico y de léxico auditivo presentan grandes dificultades para acceder al sistema semántico porque, por un lado, la modalidad en que se han construido los significados de dicho sistema por lo general es de naturaleza visual; y por otro, la pobreza en los intercambios lingüísticos con el entorno impide que se construya la amplitud de significados que ingresan a la mente a través de la audición espontánea. Otras personas sordas construyen solo algunos significados y condicionan luego la interpretación de las frases que oyen a estos y, obviamente, no comprenden lo que se les quiso decir.

Cuando emitimos oralmente una palabra podemos hacerlo como respuesta a algo que hemos escuchado, como la expresión de lo que estamos pensando o como la emisión oral de algo que leemos. Según dónde se origine la intención expresiva utilizamos diferentes módulos como punto de partida, pero siempre ponemos en funcionamiento el denominado *léxico de salida del habla*. Allí se almacenan todas las palabras que se expresan oralmente, de modo que puedo conocer alguna palabra, pero no haberla dicho nunca. Sucede por ejemplo cuando se oye un apellido extranjero y se lo puede identificar rápidamente cada vez que alguien lo repite, sin embargo, si queremos nombrarlo esta tarea se realiza con gran dificultad. Muchos niños sordos comprenden más de lo que aparenta un habla deficiente y esto se explica porque todo el proceso de percepción del habla funciona de manera efectiva, pero cuando llega el momento de usar su propia habla para expresarse, los resultados varían según qué componentes estén funcionando. En efecto, si el niño no posee alteraciones en el componente acústico ni en el léxico de entrada del habla, pero la configuración de su sistema semántico es deficiente, podrá repetir lo que oye sin saber qué está diciendo. En tareas que requieren respuestas a preguntas emitidas por otras personas pueden presentar menos dificultades que cuando se les pide que digan espontáneamente lo que piensan, ello se explica porque en el primer caso hay pistas acústicas del léxico escuchado que ayudan a buscar la respuesta correcta, en cambio en el segundo caso, encontrar la palabra justa para decir lo que se siente o se piensa utilizando un módulo pobre en almacenamiento de palabras dichas, puede ser una actividad imposible de realizar. Sin embargo, podemos acceder a la comprensión de lo que una persona sorda interpreta de lo que oye a través de otro medio de salida del habla: el dibujo o la grafía. Para dibujar lo que se comprende no es necesario acceder al módulo del léxico del habla porque no se necesitan palabras, pero para emitir una expresión escrita cuando el habla está bloqueada, se necesita activar otro componente mental: *el léxico de salida grafémico*; es decir que hay que dominar el lenguaje escrito.

Puede suceder, además, que la persona sorda sí conozca la palabra que desea emitir, pero cuando la pronuncia, su habla es incomprensible. La explicación a esta dificultad puede encontrarse en un déficit en el funcionamiento del *retén fonémico,* módulo que funciona como una memoria de trabajo y que organiza secuencialmente las emisiones. Alguien que está muy distraído porque su mente está ocupada con algún pensamiento diferente del contenido de lo que necesita expresar en un momento determinado, puede efectuar equivocaciones en su expresión y decir, por ejemplo: *estoy cabizbundo y meditabajo* para referirse a *cabizbajo* y *meditabundo,* porque hay una alteración momentánea de la memoria del retén fonológico.

La sintaxis como núcleo duro del lenguaje

Este es uno de los fundamentos más fuertes del método Logogenia e intentaré contextualizar la propuesta original de Radelli en los últimos modelos chomskianos sobre el lenguaje. El método está enmarcado en la *Teoría de principios y parámetros* de Noam Chomsky publicada en libros de la década del 80. Cuando Se crea la Logogenia aún no había aparecido *El Programa*

Minimalista (1995) y por tanto estos últimos aportes no se citan en los escritos de Radelli.

En tiempos donde los estudios generativos aplicados no son valorados en los ámbitos educativos y de rehabilitación del lenguaje, en particular el mundo de la sordera, creo necesario invitar a una reflexión. En efecto, si uno observa las últimas investigaciones sobre Neurociencias del Lenguaje o formaciones y capacitaciones en ciencias cognitivas que se ofrecen en diferentes ámbitos, constataremos que los paradigmas teóricos imperantes no son generativistas. En un ámbito de estudios especializados sobre el lenguaje los académicos conocen los derroteros que han seguido las investigaciones más controvertidas sobre esta capacidad humana, pero no sucede lo mismo en los espacios de aplicación y por tanto resulta necesario acercar los conocimientos a estos contextos. Hay una profunda resistencia en estos ámbitos a reconocer el estatus científico de la Gramática Generativa y creo que se debe al desconocimiento que existe acerca de sus objetivos, métodos y objeto de estudio.

Tomaremos algunos conceptos de Juan Uriagereka (1998) sobre el Minimalismo, que nos ayudarán a una mejor comprensión de por qué es eficaz la Logogenia. Ya en el prólogo del libro, Massimo Piatelli-Palmarini dice que el giro minimalista de la teoría lingüística generativa acercó los estudios del lenguaje hacia el campo de la física, más que hacia la biología; pues los principios del lenguaje humano poseen tal elegancia y capacidad predictiva que resultan asombrosos. Con el Minimalismo, dice el autor italiano, Chomsky ha hecho *una revolución de una revolución.* En efecto, el núcleo principal de la gramática generativa (el sintactocentrismo) se relaciona poco y esporádicamente con los correlatos neuronales del lenguaje, aunque estos correlatos sirvan para interpretar premisas de la teoría, el núcleo de la Gramática Generativa, en tanto que ciencia natural, no se ocupa de las causas de los comportamientos verbales sino del análisis de una forma de conocimiento que posee la especie humana de manera interna y tácita. No trata de las lenguas humanas como tales sino de computaciones internas que tienen lugar en las personas y están detrás de las emisiones audibles de las lenguas. Lo que hay que comprender como cambio de paradigma es que las expresiones lingüísticas están *incitadas,* pero no causadas por circunstancias externas. Por esta razón este tipo de conocimiento no puede ser imitado por ningún sistema artificial.

Sostiene Piatelli- Palmarini que tradicionalmente se concibió a la Sintaxis como *una especie de pegamento* que ensambla las unidades de los niveles inferiores (fonológico, léxico, semántico) o superiores (pragmático) del lenguaje sin comprender la real naturaleza de este nivel: ser un procesador; y esto implica considerarla como una estructura primaria de nuestro sistema cognitivo y no como un nivel que solamente sirve para establecer interfaces con los otros niveles. *Las computaciones sintácticas son controladas por poderosos criterios de minimización, son universales y determinan las distintas restricciones sobre los sonidos y los significados, y no al revés*[38].

Comprender los fundamentos de la gramática generativa es enfrentar a muchos de los postulados neodarwinistas del lenguaje, que no encuentran el eslabón perdido para explicar el origen de la sintaxis dentro de las teorías evolutivas. Efectivamente, los otros niveles poseen un nicho biológico adaptativo más fácil de explicar, pero la sintaxis no encaja en esto y colisiona con muchas de estas teorías; para las teorías evolucionistas no hay otra manera de explicar la sintaxis, sino como derivada de un criterio de optimización de algo extralingüístico.

Para la Gramática Generativa la sintaxis es autónoma, primaria y específica y no depende de los otros niveles lingüísticos ni de otras capacidades cognitivas no lingüísticas. No está restringida por el uso o la necesidad ni puede ser aprendida. Tampoco puede ser reducible a explicaciones neurobiológicas ni computacionales.

---

[38] Uriagereka, op cit, pag 2.

No es mi objetivo desarrollar la Teoría Minimalista en este libro porque su comprensión requiere de conocimientos previos especializados en esta línea de estudios lingüísticos, y muchos de los posibles lectores de este material quizá no los poseen. Sin embargo, considero que es de crucial importancia exponer algunas nociones porque serían de gran interés para la comprensión de la problemática lingüística que produce la ausencia de audición en las personas.

El libro de Ugiakereca es fascinante, los primeros capítulos son más accesibles a un lector no especializado, mientras que a partir del capítulo tres, se requiere más conocimiento en el tema. En los primeros capítulos se intenta mostrar la autonomía de la sintaxis en un contexto diferente al que proponen las perspectivas estructuralistas y funcionalistas. Para el autor, existen ciertas regularidades en distintos ámbitos de la naturaleza (las plantas, las flores, la piel, los virus y la sintaxis de las lenguas humanas) que pueden organizarse de acuerdo con la famosa serie Fibonacci[39] y son aplicables al procesamiento del lenguaje. A partir de un apasionante diálogo entre un lingüista y un "otro" (como se llama al interlocutor) se caracteriza al Mecanismo de Adquisición del lenguaje (MAL) como reglas innatas que operan en niveles de abstracción más profundos que lo que se manifiesta en los idiomas hablados. Toma los conceptos chomskianos de Lengua I (interna) y lengua E (externa) para explicar cómo una serie de principios innatos universales que representan un estado inicial de la facultad de lenguaje (un sistema idealizado como pueden ser las moléculas o los átomos), recibe un estímulo externo del medio, toma los parámetros regulares y fija una opción paramétrica determinada para cada tipo de lengua que se oye. Cada niño nace con un "procesador lingüístico" muy poderoso y es el encargado de filtrar los innumerables datos de entrada que recibe auditivamente.

---

[39] Es una serie matemática descubierta en 1202 por un tal Leonardo, hijo de Bonacio, cónsul de Pisa (de allí el termino fi-bonacci). Esta serie se obtiene sumando dos números sucesivos empezando por 0 y 1; 0, 1, 1, 2, 3, 5, 8, etc)

Dice el autor que los niños no están expuestos al castellano sino a los conjuntos de datos lingüísticos primarios que se encuentran por casualidad.[40]- Junto a las oraciones correctas de castellano (o cualquier otra lengua) el niño percibe emisiones agramaticales, inconclusas, anómalas, Por tanto, la regularidad podría no estar en los datos sino en la población que produce los datos. La propuesta minimalista lleva a profundizar la idea de que el procesador que tenemos es el que genera las estructuras de las lenguas y no que ellas están en los datos y que este mecanismo es igual en todas las personas e impone los límites en el desarrollo de las lenguas.

El lenguaje no es una parte trivial de la cognición general sino un fenómeno único, cualitativamente diferente, que se relaciona con un estado específico de la complejidad organizativa de la estructura cerebral. La perspectiva adaptacionista y evolutiva (donde se encontraría Pinker, entre otros) considera que esa estructura cerebral llegó a ser lo que es, a causa de la adaptación evolutiva del lenguaje (como si hubiera un propósito), mientras que la exaptacionista sostiene lo contrario; por algo que no sabemos el cerebro se hizo más grande y durante ese proceso se desarrollaron rasgos que resultaron de utilidad para distintos propósitos, entre ellos las habilidades lingüísticas.

Para Chomsky y otros autores que no están en la línea neodarwinista las Lenguas I son epifenómenos de un sistema cognitivo profundo que podría no haber evolucionado nunca, lo que evolucionan son las lenguas E, los idiomas Son mecanismos simples y elegantes y los seres humanos estamos limitados para comprender su funcionamiento, solo podemos hacer hipótesis. Este procesador es un mecanismo combinatorio que se encarga de ensamblar las estructuras lingüísticas internas, es inconsciente e involuntario. Estos dos capítulos de Uriagereka son muy clarificadores y profundos, sin embargo, no voy a extenderme aquí, solo dejo abierta la puerta a lecturas a quien pudiera estar interesado.

---

[40] Uriagereka, op. Cit. Pág.90.

¿Por qué importa el tema de la sintaxis como estructura primaria en Logogenia? Porque este argumento podría llevarnos a respuestas interesantes sobre lo que les pasa a las personas sordas. ¿Podría haber algo en la percepción auditiva que pone en funcionamiento el MAL (mecanismo de adquisición del lenguaje) en sentido estricto; es decir el procesador combinatorio? Las personas sordas, con mayor o menor dificultad, pueden desarrollar los otros módulos o sistemas lingüísticos (fonológicos, léxico, semántico) pero la manera en cómo afecta ello en la sintaxis es una incógnita.

Reflexionemos un poco sobre esto. Hay tres situaciones interesantes que pueden servirnos para trazar un paralelo con la situación de las personas sordas. Una se da en el mundo animal, particularmente en el de las aves. Han investigado el desarrollo del canto de las aves desde perspectivas sintácticas. Los hallazgos son interesantes, un ave que no se expone al canto de otras aves no desarrolla la sintaxis de su canto, emite sonidos, pía, pero su canto no posee sintaxis. Las aves (y los primates) son cercanos evolutivamente a los humanos y poseen un procesador auditivo muy especializado[41]. Las otras dos situaciones son de casos que presentan patologías. El Trastorno específico del lenguaje (TEL) forma parte del espectro de patologías del lenguaje del desarrollo y suele ser detectado cuando se evidencia un retraso en el desarrollo lingüístico o un desempeño general del lenguaje no esperado para la edad. Estos niños tienen un adecuado desarrollo cognitivo e intelectual para su edad cronológica, mientras que su edad lingüística suele asemejarse a la de niños de –en promedio– dos años menos de edad. El lenguaje de estos niños posee estructuras sintácticas simplificadas, con problemas de concordancia nominal y verbal, errores en la flexión de tiempo, escasez de vocabulario y dificultades para la comprensión de oraciones sintácticamente

---

[41] Toshitaka N. Suzuki, David Wheatcroft, Michael Griesser: *Experimental evidence for compositional syntax in bird calls. Nature Communications* (2016).

complejas. La producción de verbos, y consecuentemente sus predicados verbales, es especialmente problemática para estos niños, presentan errores en la flexión de tiempo, la concordancia y en el uso de formas infinitivas. Quien trabaja con niños sordos encuentra ciertas similitudes y una gran diferencia, un niño con TEL sí oye y no tiene afectada otras capacidades cognitivas, como los sordos. El tercer ejemplo que nos interesa mostrar es lo que sucede con los niños con Síndrome de Williams. Esta enfermedad poco frecuente es una alteración genética, localizada en el cromosoma 7 y afecta el desarrollo y el funcionamiento del sistema nervioso central. Los estudios epidemiológicos indican que está presente en todas las etnias, lenguas y culturas. El rango más llamativo de estas personas es la contraposición entre un funcionamiento intelectual general deficiente y habilidades lingüísticas sobresalientes, muy superiores a lo esperado para su edad cronológica y mental. Interesantes investigaciones sobre la hiperacusia de estos niños concluyen que poseen oído absoluto, es decir que pueden percibir más frecuencias que una persona con desarrollo típico (Sacks, 2009). Su sintaxis es compleja y perfectamente estructurada.

Estos ejemplos no solo reafirman las ideas desarrolladas en este libro sobre la autonomía de la sintaxis frente a los otros módulos lingüísticos o sistemas cognitivos, sino que además nos llevan al centro de nuestros fracasos cuando trabajamos con niños sordos: el desarrollo sintáctico. Creo que se necesita enfocar esto de otra manera, el déficit que acarrea la ausencia de audición es principalmente sintáctico y hasta que no lo veamos de esa forma seguiremos estimulando el lenguaje solo desde perspectivas comunicativas; con lo cual no quiero decir que desarrollar la comunicación sea negativo, sino que se trata de cuestiones diferentes que deben tratarse de manera específica.

El concepto de configuración versus representación

Un último concepto teórico que me interesa profundizar es la diferencia en lo que significa interpretar una oración y armar una configuración mental de ella. Las interpretaciones son procesos conscientes y voluntarios, reflexionamos sobre lo que leemos u oímos y efectuamos inferencias que nos llevan a la construcción de un sentido. Las configuraciones mentales, particularmente las sintácticas, son inconscientes, no interviene nuestra subjetividad ni buscamos el sentido, sino que simplemente nuestra mente percibe estructuras significativas a partir de palabras que se vinculan entre sí por medio de la sintaxis.

Jackendoff (2002) es un reconocido lingüista que puede aclararnos este concepto. En el capítulo II del libro citado, explicita qué se quiere decir cuando se habla del lenguaje como fenómeno mental. Chomsky expresó que la estructura de una lengua *está diseñada para ser "psicológicamente" real, tratada como modelo de algo que existe en la mente de un hablante del inglés cuando escucha o dice una oración*[42], lo que plantea un modelo de representación mental de la oración. Para Jackendoff el uso del término "representación" genera confusiones porque es un término que tiene carácter subjetivo pues, para que algo represente a otra cosa, debe ser representado por alguien y eso significaría que un usuario de la lengua tiene acceso consciente a toda la estructura por medio de la introspección. Lo mismo sucede con el término "símbolo" que implica una persona o una comunidad que percibe el significado o "información" que, aunque parece más neutro, también implica algo que se pueda informar, o alguien a quien hacerlo. Todo término que implica una intencionalidad hace referencia a otras entidades alojadas fuera del mundo mental y por ello Jackendoff propone reemplazar,

---

[42] Noam Chomsky (1965) *Aspectos de una teoría de la sintaxis.*

cuando se trata del fenómeno mental del lenguaje, términos tales como representación, símbolo o información por expresiones más neutras, sin carga de intencionalidad.

Pero para ello también es necesario revisar el término "mente" que, influido por las teorías freudianas, refieren a la distinción entre consciente e inconsciente y a la dualidad cuerpo-mente. Este propósito solo puede realizarse si se concibe un nuevo dominio de descripción, diferente a los que analizan las teorías mentales tradicionales. La mente-f (mente funcional) sería una terminología adecuada para establecer la distinción con otras operaciones mentales y cognitivas. Cuando una mente-cerebro analiza sintácticamente (en términos de cómputos mentales) una expresión lingüística, esta actividad funcional "toma cuerpo" en entidades de otro nivel, es decir las neuronas y sus conexiones químicas y eléctricas, pero no son reducibles a éstas. La mente-f no tiene un procesador central que controle las actividades sino un gran número de sistemas especializados que interactúan en forma paralela y juntos crean nuestra comprensión del mundo, por lo tanto, en este nivel no hay una conciencia que controle las acciones. Este tema es muy complejo para ser desarrollado en este libro, pues existe una fuerte discusión teórica sobre las propiedades funcionales del cerebro, los límites de la "realidad mental" y la "encarnación" de los sistemas de procesamiento lingüístico; sin embargo, para los que trabajamos con la Logogenia nos resulta de gran utilidad pues nos instala en los objetivos del método como estimulador de los procesos sintácticos del lenguaje.

Cuando en Gramática Generativa consideramos que las oraciones emitidas o comprendidas por los usuarios de una lengua poseen estructuras arbóreas pues sus constituyentes no se vinculan linealmente sino por medio de dependencias mediatas e inmediatas, no estamos afirmando que los hablantes tengan "literalmente hablando" estructuras arbóreas en su cerebro ni que ellas estén alojadas en algún lugar, sino que se trata de otro tipo notación. Referimos a estados mentales de unidades discretas que no tienen su correlato ni en la vida neuronal ni en la mente tradicional (freudiana) sino en un nivel de descripción diferente.

A modo
de cierre

Agradecemos a Bruna Radelli haber pensado en una importante herramienta para la mejor calidad de vida de las personas sordas. La Logogenia es efectiva, aunque su eficacia tiene diferentes alcances, según diferentes factores:

— Edad al iniciar el estímulo.

Lo ideal es que un niño/a sordo o hipoacúsico reciba Logogenia al iniciar el primer grado de la educación primaria (período crítico de plasticidad cerebral) pues simultáneamente estaría iniciando su proceso alfabetizador. No solamente aprenderá palabras escritas, sino que podrá observar el comportamiento de ellas en oraciones, de esta forma recibirá el estímulo necesario para activar las conexiones sintácticas en su sistema cognitivo. Si se trabaja con logogenia de manera sistemática durante los tres primeros años escolares, que son de afianzamiento del sistema de escritura, ingresará al cuarto grado en mejores condiciones para aprender otros conocimientos a través de la lectura. Si se inicia a edades más avanzadas, los logros también son notables ya que muchos niños y jóvenes sordos solo poseen un repertorio de palabras aisladas y desconocen el funcionamiento de las palabras funcionales de la lengua. Logogenia hace explícito este funcionamiento ante la atenta mirada de la persona sorda. El ejercicio de la atención compartida, de la memoria de trabajo y de la autonomía en la comprensión y producción lingüística contribuyen al aprendizaje y automatización de procesos internos vinculados con la lengua escrita. En jóvenes y adultos también el método es efectivo. No solo por las mismas razones enunciadas para niños de más edad sino porque el factor emocional en este caso es clave, el grado de frustración ante la lengua escrita que arrastran estas personas es muy elevado. La logogenia los pone ante una nueva forma de enfrentar el texto escrito que nunca habían vivenciado, pueden darse cuenta dónde está el problema de comprensión por sí mismos.

– Desarrollo de una lengua oral.

Luego de muchos años de trabajar con niños de distintos lugares del planeta, hemos observado que quienes más se benefician y de manera más rápida son los que dominan una lengua oral, ya sea con audífonos o implantes cocleares y al decir "dominan" me refiero a emitir oraciones habladas de manera completa y gramatical. Una buena tecnología auditiva y una correcta rehabilitación a edades tempranas permiten que los niños sordos activen la sintaxis de la lengua hablada, de modo que cuando llegan a la edad escolar y reciben logogenia se encuentran en una situación de ventaja. La logogenia les permite ingresar en forma más rápida al mundo de la lengua escrita pues, acostumbrados a estimular la vía auditiva desde niños, utilizan los módulos específicos para la lectura y la escritura y desarrollan la autonomía necesaria para ingresar en la comprensión lectora. Quienes no están equipados auditivamente necesitan recibir logogenia con urgencia, pues esta metodología los pondrá en contacto con la modalidad escrita de la lengua que se habla en su comunidad mayoritaria y, como consecuencia de ello, recibirán el estímulo lingüístico necesario para la configuración de los procesos sintácticos de esa lengua en su cerebro. La eficacia en estos casos varía según muchos factores (sordera pre o postlingüística, edad de diagnóstico y atención temprana, causas de la sordera, interacción familiar, patologías agregadas, entre otras). No hay una persona sorda igual que otra y el desarrollo lingüístico de cada una es diferente, aunque no se pueden predecir los resultados de la intervención, lo importante es que el niño, joven o adulto tenga la oportunidad de recibir el método.

– Dominio de una lengua de señas

Si la persona sorda es bilingüe (dominio de lengua de señas y lengua oral) al momento de recibir Logogenia la situación es positiva, pues el universo conceptual desarrollado a través de ambas lenguas le brindará recursos léxicos semánticos y sintácticos que contribuirán a una mejor adquisición de la lengua escrita. Si solamente domina una lengua de señas (aunque conozca algunas palabras de español oral o escrito) deberá enfrentarse a una nueva forma de procesamiento sintáctico, pues las lenguas de señas poseen una gramática visuo-espacial de diferente naturaleza que las lenguas orales. En estos casos urge recibir Logogenia porque de no hacerlo, se corre el riesgo de no recibir los estímulos sintácticos suficientes y necesarios para desarrollar un dominio adecuado de una segunda lengua. Aprender una segunda lengua a través de otra lengua es caer en el peligro de una constante traducción, aunque esto soluciona cuestiones inmediatas de comprensión de vocabulario o conceptos generales, se ha demostrado que sin inmersión en la misma lengua tal aprendizaje o adquisición no es productivo. Logogenia ofrece la inmersión en la lengua escrita de manera autónoma e independiente de otras lenguas o modalidades de la misma lengua.

—   Calidad del servicio educativo-escolar que recibe de manera simultánea

Si la persona sorda se encuentra en el período crítico de adquisición de una lengua la Logogenia no puede ser la única terapia que reciba pues su propósito es muy específico: estimular los procesos mentales para el desarrollo sintáctico. La sintaxis interactúa con los otros módulos o sistemas lingüísticos (fonológico, léxico, semántico, pragmático) cuando se usa una lengua, por tanto, el niño deber recibir otra intervención que desarrolle su competencia comunicativa. Sin ello el trabajo que se hace con logogenia se estanca y no avanza. Aunque el logogenista trabaja los objetivos concretos del método, puede diagnosticar falencias en otros módulos o en los procesos de alfabetización del niño y comunicarlos a sus maestros o terapeutas.

—   Formación del Logogenista

La formación en Logogenia es corta y no requiere de titulación especializada en lenguaje o sordera, sin embargo, es exigente y rigurosa. Para ser un buen logogenista hay que realizar varias sesiones con diferentes casos y haber comprendido el paradigma teórico en el que se sustenta la terapia. Las sesiones no se planifican y el método no está organizado desde lo más simple a lo más complejo, sino que su estilo es interactivo; se presenta un estímulo para observar la respuesta y luego se continúa trabajando a partir de dicha respuesta y dentro de los objetivos de la Logogenia: el desarrollo de la sintaxis. No hay una "receta" de trabajo, sino que la secuenciación está determinada por la capacidad del logogenista de interpretar las respuestas a los estímulos presentados. Sin una buena formación la terapia es inocua porque no se cumplen los requisitos necesarios para la resolución de conflictos cognitivos en las personas, a partir de la revisión de sus hipótesis ante en input presentado. Antes de elegir una formación entre las distintas ofertas del mercado es importante consultar quién la imparte y qué institución académica la avala.

– Constancia y continuidad en la terapia.

Radelli ha insistido en la necesidad de brindar una hora diaria de Logogenia a los niños y consideramos que esa situación es la ideal. Sin embargo, la realidad nos muestra que no siempre se puede lograr ese objetivo, razones económicas (no en todos los países el servicio de Logogenia es costeado por algún sistema de salud o de educación especial) o de disponibilidad (los niños sordos, y padres, poseen una agenda completa de actividades) hacen que la cantidad de sesiones que puedan recibir sean de tres a dos por semana. La experiencia de trabajo nos ha mostrado que, si la intervención es de calidad, este tiempo es suficiente; siempre y cuando la asistencia sea continua y el tiempo que el niño está en la sesión sea exclusivamente de trabajo con Logogenia, sin distracciones.

La logogenia es apasionante, tanto para el que la imparte como para la persona sorda que la recibe y se presenta como un desafío constante a nuestra capacidad creativa del lenguaje.

Bibliografía

BERWICK, R Y NOAM COMSKY (2016) *¿Por qué solo nosotros? Evolución y lenguaje.* Barcelona, Kairós, 2016.

CHOMSKY, NOAM (1989) *El conocimiento del lenguaje*, Madrid: Alianza.

CHOMSKY, NOAM (1995) *El programa minimalista*, Madrid, Alianza, 1999.

CHOMSKY, N (1988) *El lenguaje y los problemas del conocimiento*, Madrid, Machado libros, 2002.

CUETOS, FERNANDO *Neurociencias del lenguaje.* Madrid, Editorial Panamericana, 2012.

DEHAENE, STANISLAS *¿Cómo aprendemos?* Buenos Aires, Siglo XXI, 2019

DEHAENE, STANISLAS *El cerebro lector*, Buenos Aires, Siglo XXI, 2011.

JACKENDOFF, RAY (2002) *Fundamentos del lenguaje. FCE, 2010.*

MENDOZA, ÁNGELES (2005) *Logogenia: la adquisición del español en niños con discapacidad auditiva.* Tesis de Grado de la Maestría en Pedagogía. UNAM, México.

PERAL R. FRANCISCO "Logogenia: adquisición del español en niños sordos. De proyecto individual a proyecto colectivo" en *Diario de Campo. Boletín interno de los investigadores del área de Antropología N°. 61,* 2003.

PINKER, STEVEN. *El Instinto del lenguaje.* Madrid, Alianza. 2001

RADELLI, BRUNA *La ambigüedad: un rasgo significativo para el análisis sintáctico.* México, Instituto Nacional de Antropología e Historia, 1985. 74 p.

RADELLI, BRUNA "Significados sintácticos" en: *Estudios de Lingüística Formal.* México editado por Mariana Pool Westgaard. El Colegio de México, CELL, 1997. Pp. 237- 256

RADELLI, B. *Nicola Vuole le virgole*. Introduzione alla logogenia. Italia, 1998. Decibel-Zanichelli. 262 p.

RADELLI, BRUNA "Buscando configuraciones sintácticas y sus significados: pistas para neurólogos" en: *Homenaje a Leonardo Manrique* C. México, Coordinadoras Martha C. Muntzel y Bruna Radelli. INAH, Colección Científica, 1993. Pp. 125 - 134

RADELLI, BRUNA "El cuál y el cómo en la sintaxis del español" en: *Homenaje a Jorge A. Suárez.*México, editado por Beatriz Garza Cuarón y Paulette Levy. El Colegio de México, 1986. Pp. 437 - 445

RADELLI, BRUNA "La logogenia en el desarrollo de los sordos" en: *Memorias del XV CONGRESO NACIONAL FEPAL.* Coruña, Facultad de Ciencias de la Educación de la Universidad de A. Coruña, 1999. Pp. 169 – 190

RADELLI, BRUNA "Naturaleza del lenguaje y problemas para la rehabilitación de los niños sordos" en*: Memorias del Segundo Encuentro Internacional de Lingüística en el Noroeste. Tomo 2.* México, División de Humanidades, Universidad de Sonora, Hermosillo, 1994. Pp. 367- 382

RADELLI, BRUNA "Una nueva aplicación de la lingüística: la Logogenia" en: *Memorias del Sexto Encuentro Internacional de Lingüística en el Noroeste*. Tomo 3. México, División de Humanidades, Universidad de Sonora, Hermosillo, 2000. Pp. 189-213

RADELLI, BRUNA y COLLADO V. JULIO. "Una hipótesis acerca de la naturaleza del lenguaje" en: *Tiempo, población y sociedad*. Homenaje al Maestro Arturo Romano. México, Ma. Teresa Esquivel, Sergio López A., Lourdes Márquez M. y Patricia O. Hernández Editores. INAH, Colección Científica, 1998. Pp. 695 - 700

RADELLI, BRUNA. "Agramaticalidad, ambigüedad sintáctica y metáfora: criterios e instrumentos para evaluar la adquisición de la competencia lingüística" en: *Revista Dimensión Antropológica.* México, Año 1, vol. 1, INAH 1994. 79 – 102

SACKS, OLIVER (2009) *Musicofilia*, Barcelona, Anagrama.2015

SALAS, PATRICIA *Narrativa, lenguaje y discapacidad auditiva.* EUNSA. Salta ,2009.

SALAS, PATRICIA *Basura de humanos. Material para el desarrollo autónomo de la lectura.* Córdoba, Editorial Brujas. 2017

SALAS, PATRICIA *Sordera y lenguaje. Neurociencias y Logogenia.* Córdoba, Editorial Brujas. 2015

SALAS, PATRICIA (en coautoría con Maricela Velasco Martínez) *Logogenia para niños sordos. Material para el seguimiento y desarrollo lingüístico del español.* Córdoba, Editorial Brujas.2015. Versión en Español Neutro y en Español Rioplatense.

URIAGEREKA, JUAN *Pies y cabeza. Una introducción a la sintaxis minimalista.* Madrid, Machado Libros, 2005

VELASCO MARTÍNEZ, MARICELA *Lectura de comprensión para niños.* México, Editorial Época, 2014.

VELASCO MARTÍNEZ, *MARICELA Leer y comprender con Logogenia. Primeras etapas del desarrollo lingüístico de una niña sorda.* Córdoba, Editorial Brujas, 2017

Impreso por Editorial Brujas • enero 2021 • Córdoba–Argentina